Editionen für den Literaturunterricht
Herausgegeben von Thomas Kopfermann

D1983666

Franz Kafka

Kurze Prosa/ Erzählungen

ausgewählt und mit
Materialien versehen von Ralf Sudau

Ernst Klett Verlag
Stuttgart · Leipzig

Die Fußnoten wurden vom Bearbeiter zur besseren Verständlichkeit des Textes eingesetzt.

1. Auflage 1 5 4 3 2 1 | 2011 2010 2009 2008 2007

Alle Drucke dieser Ausgabe sind untereinander unverändert und können im Unterricht nebeneinander benutzt werden. Die letzte Zahl bezeichnet das Jahr dieses Druckes.

Die Materialien folgen der reformierten Rechtschreibung.

Die Texte des vorliegenden Heftes folgen der Ausgabe: Franz Kafka, Schriften, Tagebücher, Briefe. Kritische Ausgabe. Hrsg. von Jürgen Born, Gerhard Neumann, Malcolm Pasley und Jost Schillemeit, S. Fischer Verlag, Frankfurt a. M. 1982 ff.
Die Rechtschreibung wurde behutsam modernisiert, Kafkas Zeichensetzung beibehalten.

Das Werk und seine Einzelteile sind urheberrechtlich geschützt. Jede Nutzung in anderen als den gesetzlich zugelassenen Fällen bedarf der vorherigen schriftlichen Einwilligung des Verlages. Hinweis zu § 52a UrhG: Weder das Werk noch seine Teile dürfen ohne eine solche Einwilligung eingescannt und in ein Netzwerk eingestellt werden. Dies gilt auch für Intranets von Schulen und sonstigen Bildungseinrichtungen.
Fotomechanische und andere Wiedergabeverfahren nur mit Genehmigung des Verlages.

© für die Materialien: Ernst Klett Verlag GmbH, Stuttgart 2007.
Alle Rechte vorbehalten.
Internetadresse: www.klett.de

Redaktion: Ursula Schwarz
Herstellung: Dea Hädicke
Satz: 2 women production, Brigitte Köhler, Leipzig
Umschlaggestaltung: Sandra Schneider nach Entwürfen von MetaDesign, Berlin
Umschlagfoto: AKG, Berlin

Reproduktion: Meyle + Müller, Medien-Management, Pforzheim
Druck: CPI books, Leck

Printed in Germany

ISBN 978-3-12-352417-2

9 783123 524172

Inhalt

»Ich, nur ich bin der Beobachter des Parterres ...«

Auf der Galerie[1]

Wenn irgendeine hinfällige, lungensüchtige Kunstreiterin in der Manege auf schwankendem Pferd vor einem unermüdlichen Publikum vom peitschenschwingenden erbarmungslosen Chef monatelang ohne Unterbrechung im Kreise rundum getrieben würde, auf dem Pferde schwirrend, Küsse werfend, in der Taille sich wiegend, und wenn dieses Spiel unter dem nichtaussetzenden Brausen des Orchesters und der Ventilatoren in die immerfort weiter sich öffnende graue Zukunft sich fortsetzte, begleitet vom vergehenden und neu anschwellenden Beifallsklatschen der Hände, die eigentlich Dampfhämmer sind – vielleicht eilte dann ein junger Galeriebesucher die lange Treppe durch alle Ränge hinab, stürzte in die Manege, riefe das: Halt! durch die Fanfaren des immer sich anpassenden Orchesters.

Da es aber nicht so ist; eine schöne Dame, weiß und rot, hereinfliegt, zwischen den Vorhängen, welche die stolzen Livrierten vor ihr öffnen; der Direktor, hingebungsvoll ihre Augen suchend, in Tierhaltung ihr entgegenatmet; vorsorglich sie auf den Apfelschimmel hebt, als wäre sie seine über alles geliebte Enkelin, die sich auf gefährliche Fahrt begibt; sich nicht entschließen kann, das Peitschenzeichen zu geben; schließlich in Selbstüberwindung es knallend gibt; neben dem Pferde mit offenem Munde einherläuft; die Sprünge der Reiterin scharfen Blickes verfolgt; ihre Kunstfertigkeit kaum begreifen kann; mit englischen[2] Ausrufen zu warnen versucht; die reifenhaltenden Reitknechte wütend zu peinlichster Achtsamkeit ermahnt; vor dem großen Salto mortale das Orchester mit aufgehobenen Händen beschwört, es möge schweigen; schließlich die Kleine vom zitternden Pferde hebt, auf beide Backen küsst und keine Huldigung des Publikums für genügend erachtet; während sie selbst, von ihm gestützt, hoch auf den Fußspitzen, vom Staub umweht, mit ausgebreiteten Armen, zu-

---

1 Empore, oberster Rang in Theater oder Zirkus
2 hier: engelhaften

rückgelehntem Köpfchen ihr Glück mit dem ganzen Zirkus teilen will – da dies so ist, legt der Galeriebesucher das Gesicht auf die Brüstung und, im Schlussmarsch wie in einem schweren Traum versinkend, weint er, ohne es zu wissen.

(1917)

»An ihm vorbei kann ich zur Not, über ihn hinweg nicht ...«

Das Urteil

Für F.

Es war an einem Sonntagvormittag im schönsten Frühjahr. Georg Bendemann, ein junger Kaufmann, saß in seinem Privatzimmer im ersten Stock eines der niedrigen, leichtgebauten Häuser, die entlang des Flusses in einer langen Reihe, fast nur in der Höhe und Färbung unterschieden, sich hinzogen. Er hatte gerade einen Brief an einen sich im Ausland befindenden Jugendfreund beendet, verschloss ihn in spielerischer Langsamkeit und sah dann, den Ellbogen auf den Schreibtisch gestützt, aus dem Fenster auf den Fluss, die Brücke und die Anhöhen am anderen Ufer mit ihrem schwachen Grün.

Er dachte darüber nach, wie dieser Freund, mit seinem Fortkommen zu Hause unzufrieden, vor Jahren schon nach Russland sich förmlich geflüchtet hatte. Nun betrieb er ein Geschäft in Petersburg, das anfangs sich sehr gut angelassen hatte, seit langem aber schon zu stocken schien, wie der Freund bei seinen immer seltener werdenden Besuchen klagte. So arbeitete er sich in der Fremde nutzlos ab, der fremdartige Vollbart verdeckte nur schlecht das seit den Kinderjahren wohlbekannte Gesicht, dessen gelbe Hautfarbe auf eine sich entwickelnde Krankheit hinzudeuten schien. Wie er erzählte, hatte er keine rechte Verbindung mit der dortigen Kolonie seiner Landsleute, aber auch fast keinen gesellschaftlichen Verkehr mit einheimischen Familien und richtete sich so für ein endgültiges Junggesellentum ein.

Was wollte man einem solchen Manne schreiben, der sich offenbar verrannt hatte, den man bedauern, dem man aber nicht helfen konnte. Sollte man ihm vielleicht raten, wieder nach Hause zu kommen, seine Existenz hierher zu verlegen, alle die alten freundschaftlichen Beziehungen wieder aufzunehmen – wofür ja kein Hindernis bestand – und im Übrigen auf die Hilfe der Freunde zu vertrauen? Das bedeutete aber nichts anderes, als dass man ihm gleichzeitig, je schonender, desto kränkender, sagte, dass seine bisherigen Versuche misslungen seien, dass er endlich von ihnen ablassen solle, dass er zurückkehren und sich als ein für immer Zurückgekehrter von allen mit großen Augen anstaunen lassen müsse, dass nur seine Freunde etwas verstünden und dass er ein altes Kind sei und den erfolgreichen, zu Hause gebliebenen Freunden einfach zu folgen habe. Und war es dann noch sicher, dass alle die Plage, die man ihm antun müsste, einen Zweck hätte? Vielleicht gelang es nicht einmal, ihn überhaupt nach Hause zu bringen – er sagte ja selbst, dass er die Verhältnisse in der Heimat nicht mehr verstünde –, und so bliebe er dann trotz allem in seiner Fremde, verbittert durch die Ratschläge und den Freunden noch ein Stück mehr entfremdet. Folgte er aber wirklich dem Rat und würde hier – natürlich nicht mit Absicht, aber durch die Tatsachen – niedergedrückt, fände sich nicht in seinen Freunden und nicht ohne sie zurecht, litte an Beschämung, hätte jetzt wirklich keine Heimat und keine Freunde mehr; war es da nicht viel besser für ihn, er blieb in der Fremde, so wie er war? Konnte man denn bei solchen Umständen daran denken, dass er es hier tatsächlich vorwärts bringen würde?

Aus diesen Gründen konnte man ihm, wenn man überhaupt noch die briefliche Verbindung aufrechterhalten wollte, keine eigentlichen Mitteilungen machen, wie man sie ohne Scheu auch den entferntesten Bekannten geben würde. Der Freund war nun schon über drei Jahre nicht in der Heimat gewesen und erklärte dies sehr notdürftig mit der Unsicherheit der politischen Verhältnisse in Russland, die demnach also auch die kürzeste Abwesenheit eines kleinen Geschäftsmannes nicht zuließen, während hunderttausende Russen ruhig in der Welt herumfuhren. Im Laufe dieser drei Jahre hatte sich aber gerade für Georg vieles verändert. Von dem Todesfall von Georgs Mutter, der vor etwa zwei Jahren erfolgt war und seit welchem Georg mit seinem alten Vater in gemeinsamer Wirtschaft lebte, hatte der Freund wohl noch erfahren und sein Beileid in einem Brief mit einer Trockenheit ausgedrückt, die ihren Grund nur darin haben konnte, dass die Trauer über ein solches Ereignis in der Fremde ganz unvorstellbar wird. Nun hatte aber Georg seit jener Zeit, so wie alles andere, auch sein Geschäft mit größerer Entschlossenheit angepackt. Vielleicht hatte ihn der Vater bei Lebzeiten der Mutter dadurch, dass er im Geschäft nur seine Ansicht gelten lassen wollte, an einer wirklichen eigenen Tätigkeit gehindert. Vielleicht war der Vater seit dem Tode der Mutter, trotzdem er noch immer im Geschäft arbeitete, zurückhaltender geworden, vielleicht spielten – was sogar sehr wahrscheinlich war – glückliche Zufälle eine weit wichtigere Rolle, jedenfalls aber hatte sich das Geschäft in diesen zwei Jahren ganz unerwartet entwickelt. Das Personal hatte man verdoppeln müssen, der Umsatz sich verfünffacht, ein weiterer Fortschritt stand zweifellos bevor.

Der Freund aber hatte keine Ahnung von dieser Veränderung. Früher, zum letzten Mal vielleicht in jenem Beileidsbrief, hatte er Georg zur Auswanderung nach Russland überreden wollen und sich über die Aussichten verbreitet, die gerade für Georgs Geschäftszweig in Petersburg bestanden. Die Ziffern waren verschwindend gegenüber dem Umfang, den Georgs Geschäft jetzt angenommen hatte. Georg aber hatte keine Lust gehabt, dem Freund von seinen geschäftlichen Erfolgen zu schreiben, und jetzt nachträglich hätte es wirklich einen merkwürdigen Anschein gehabt.

So beschränkte sich Georg darauf, dem Freund immer nur über bedeutungslose Vorfälle zu schreiben, wie sie sich, wenn man an einem ruhigen Sonntag nachdenkt, in der Erinnerung ungeordnet aufhäufen. Er wollte nichts anderes, als die Vorstellung ungestört lassen, die sich der Freund von der Heimatstadt in der langen Zwischenzeit wohl gemacht und mit welcher er sich abgefunden hatte. So geschah es Georg, dass er dem Freund die Verlobung eines gleichgültigen Menschen mit einem ebenso gleichgültigen Mädchen drei Mal in ziemlich weit auseinander liegenden Briefen anzeigte, bis sich dann allerdings der Freund, ganz gegen Georgs Absicht, für diese Merkwürdigkeit zu interessieren begann.

Georg schrieb ihm aber solche Dinge viel lieber, als dass er zugestanden hätte, dass er selbst vor einem Monat mit einem Fräulein Frieda Brandenfeld, einem Mädchen aus wohlhabender Familie, sich verlobt hatte. Oft sprach er mit seiner Braut über diesen Freund und das besondere Korrespondenzverhältnis, in welchem er zu ihm stand. »Er wird also gar nicht zu unserer Hochzeit kommen«, sagte sie, »und ich habe doch das Recht, alle deine Freunde kennenzulernen.« »Ich will ihn nicht stören«, antwortete Georg, »verstehe mich recht, er würde wahrscheinlich kommen, wenigstens glaube ich es, aber er würde sich gezwungen und geschädigt fühlen, vielleicht mich beneiden und sicher unzufrieden und unfähig, diese Unzufriedenheit jemals zu beseitigen, allein wieder zurückfahren. Allein – weißt du, was das ist?« »Ja, kann er denn von unserer Heirat nicht auch auf andere Weise erfahren?« »Das kann ich allerdings nicht verhindern, aber es ist bei seiner Lebensweise unwahrscheinlich.« »Wenn du solche Freunde hast, Georg, hättest du dich überhaupt nicht verloben sollen.« »Ja, das ist unser beider Schuld; aber ich wollte es auch jetzt nicht anders haben.« Und wenn sie dann, rasch atmend unter seinen Küssen, noch vorbrachte: »Eigentlich kränkt es mich doch«, hielt er es wirklich für unverfänglich, dem Freund alles zu schreiben. »So bin ich und so hat er mich hinzunehmen«, sagte er sich, »ich kann nicht aus mir einen Menschen herausschneiden, der vielleicht für die Freundschaft mit ihm geeigneter wäre, als ich es bin.«

Und tatsächlich berichtete er seinem Freunde in dem langen Brief, den er an diesem Sonntagvormittag schrieb, die erfolgte Verlobung mit folgenden Worten: »Die beste Neuigkeit habe ich mir bis zum Schluss aufgespart. Ich habe mich mit einem Fräulein Frieda Brandenfeld verlobt, einem Mädchen aus einer wohlhabenden Familie, die sich hier erst lange nach Deiner Abreise angesiedelt hat, die Du also kaum kennen dürftest. Es wird sich noch Gelegenheit finden, Dir Näheres über meine Braut mitzuteilen, heute genüge Dir, dass ich recht glücklich bin und dass sich in unserem gegenseitigem Verhältnis nur insofern etwas geändert hat, als Du jetzt in mir statt eines ganz gewöhnlichen Freundes einen glücklichen Freund haben wirst. Außerdem bekommst Du in meiner Braut, die Dich herzlich grüßen lässt, und die Dir nächstens selbst schreiben wird, eine aufrichtige Freundin, was für einen Junggesellen nicht ganz ohne Bedeutung ist. Ich weiß, es hält Dich vielerlei von einem Besuche bei uns zurück. Wäre aber nicht gerade meine Hochzeit die richtige Gelegenheit, einmal alle Hindernisse über den Haufen zu werfen? Aber wie dies auch sein mag, handle ohne alle Rücksicht und nur nach deiner Wohlmeinung.«

Mit diesem Brief in der Hand war Georg lange, das Gesicht dem Fenster zugekehrt, an seinem Schreibtisch gesessen. Einem Bekannten, der ihn im Vorübergehen von der Gasse aus gegrüßt hatte, hatte er kaum mit einem abwesenden Lächeln geantwortet.

Endlich steckte er den Brief in die Tasche und ging aus seinem Zimmer quer durch einen kleinen Gang in das Zimmer seines Vaters, in dem er schon seit Monaten nicht gewesen war. Es bestand auch sonst keine Nötigung dazu, denn er verkehrte mit seinem Vater ständig im Geschäft. Das Mittagessen nahmen sie gleichzeitig in einem Speisehaus ein, abends versorgte sich zwar jeder nach Belieben; doch saßen sie dann noch ein Weilchen, meistens jeder mit seiner Zeitung, im gemeinsamen Wohnzimmer, wenn nicht Georg, wie es am häufigsten geschah, mit Freunden beisammen war oder jetzt seine Braut besuchte.

Georg staunte darüber, wie dunkel das Zimmer des Vaters selbst an diesem sonnigen Vormittag war. Einen solchen Schatten warf also die hohe Mauer, die sich jenseits des schmalen Hofes erhob. Der Vater saß beim Fenster in einer Ecke, die mit verschiedenen Andenken an die selige Mutter ausgeschmückt war, und las die Zeitung, die er seitlich vor die Augen hielt, wodurch er irgendeine Augenschwäche auszugleichen suchte. Auf dem Tisch standen die Reste des Frühstücks, von dem nicht viel verzehrt zu sein schien.

»Ah, Georg!« sagte der Vater und ging ihm gleich entgegen. Sein schwerer Schlafrock öffnete sich im Gehen, die Enden umflatterten ihn – »mein Vater ist noch immer ein Riese«, dachte sich Georg.

»Hier ist es ja unerträglich dunkel«, sagte er dann.

»Ja, dunkel ist es schon«, antwortete der Vater.

»Das Fenster hast du auch geschlossen?«

»Ich habe es lieber so.«

»Es ist ja ganz warm draußen«, sagte Georg, wie im Nachhang zu dem Früheren, und setzte sich.

Der Vater räumte das Frühstücksgeschirr ab und stellte es auf einen Kasten.

»Ich wollte dir eigentlich nur sagen«, fuhr Georg fort, der den Bewegungen des alten Mannes ganz verloren folgte, »dass ich nun doch nach Petersburg meine Verlobung angezeigt habe.« Er zog den Brief ein wenig aus der Tasche und ließ ihn wieder zurückfallen.

»Nach Petersburg?« fragte der Vater.

»Meinem Freunde doch«, sagte Georg und suchte des Vaters Augen. – »Im Geschäft ist er doch ganz anders«, dachte er, »wie er hier breit sitzt und die Arme über der Brust kreuzt.«

»Ja. Deinem Freunde«, sagte der Vater mit Betonung.

»Du weißt doch, Vater, dass ich ihm meine Verlobung zuerst verschweigen wollte. Aus Rücksichtnahme, aus keinem anderen Grunde sonst. Du weißt selbst, er ist ein schwieriger Mensch. Ich sagte mir, von anderer Seite kann er von meiner Verlobung wohl erfahren, wenn das auch bei seiner einsamen Lebensweise kaum wahrscheinlich ist – das kann ich nicht hindern –, aber von mir selbst soll er es nun einmal nicht erfahren.«

»Und jetzt hast du es dir wieder anders überlegt?« fragte der Vater, legte die große Zeitung auf den Fensterbord und auf die Zeitung die Brille, die er mit der Hand bedeckte.

»Ja, jetzt habe ich es mir wieder überlegt. Wenn er mein guter Freund ist, sagte ich mir, dann ist meine glückliche Verlobung auch für ihn ein Glück. Und deshalb habe ich nicht mehr gezögert, es ihm anzuzeigen. Ehe ich jedoch den Brief einwarf, wollte ich es dir sagen.«

»Georg«, sagte der Vater und zog den zahnlosen Mund in die Breite, »hör' einmal! Du bist wegen dieser Sache zu mir gekommen, um dich mit mir zu beraten. Das ehrt dich ohne Zweifel. Aber es ist nichts, es ist ärger als nichts, wenn du mir jetzt nicht die volle Wahrheit sagst. Ich will nicht Dinge aufrühren, die nicht hierher gehören. Seit dem Tode unserer teueren Mutter sind gewisse unschöne Dinge vorgegangen. Vielleicht kommt auch für sie die Zeit und vielleicht kommt sie früher, als wir denken. Im Geschäft entgeht mir manches, es wird mir vielleicht nicht verborgen – ich will jetzt gar nicht die Annahme machen, dass es mir verborgen wird –, ich bin nicht mehr kräftig genug, mein Gedächtnis lässt nach. Ich habe nicht mehr den Blick für alle die vielen Sachen. Das ist erstens der Ablauf der Natur, und zweitens hat mich der Tod unseres Mütterchens viel mehr niedergeschlagen als dich. – Aber weil wir gerade bei dieser Sache sind, bei diesem Brief, so bitte ich dich Georg, täusche mich nicht. Es ist eine Kleinigkeit, es ist nicht des Atems wert, also täusche mich nicht. Hast du wirklich diesen Freund in Petersburg?«

Georg stand verlegen auf. »Lassen wir meine Freunde sein. Tausend Freunde ersetzen mir nicht meinen Vater. Weißt du, was ich glaube? Du schonst dich nicht genug. Aber das Alter verlangt seine Rechte. Du bist mir im Geschäft unentbehrlich, das weißt du ja sehr genau; aber wenn das Geschäft deine Gesundheit bedrohen sollte, sperre ich es noch morgen für immer. Das geht nicht. Wir müssen da eine andere Lebensweise für dich einführen. Aber von Grund aus. Du sitzt hier im Dunkel, und im Wohnzimmer hättest du schönes Licht. Du nippst vom Frühstück, statt dich ordentlich zu stärken. Du sitzt bei geschlossenem Fenster, und die Luft würde dir so guttun. Nein Vater! Ich werde den Arzt holen und seine Vorschriften werden wir befolgen. Die Zimmer werden wir wechseln, du wirst ins Vorderzimmer ziehen, ich hierher. Es wird keine Veränderung für dich sein, alles wird mit hinübergetragen. Aber das alles hat Zeit, jetzt lege dich noch ein wenig ins Bett, du brauchst unbedingt Ruhe. Komm, ich werde dir beim Ausziehn helfen, du wirst sehen, ich kann es. Oder willst du gleich ins Vorderzimmer gehn, dann legst du dich vorläufig in mein Bett. Das wäre übrigens sehr vernünftig.«

Georg stand knapp neben seinem Vater, der den Kopf mit dem struppigen weißen Haar auf die Brust hatte sinken lassen.

»Georg«, sagte der Vater leise, ohne Bewegung.

Georg kniete sofort neben dem Vater nieder, er sah die Pupillen in dem müden Gesicht des Vaters übergroß in den Winkeln der Augen auf sich gerichtet.

»Du hast keinen Freund in Petersburg. Du bist immer ein Spaßmacher gewesen und hast dich auch mir gegenüber nicht zurückgehalten. Wie solltest du denn gerade dort einen Freund haben! Das kann ich gar nicht glauben.«

»Denk doch noch einmal nach, Vater«, sagte Georg, hob den Vater vom Sessel und zog ihm, wie er nun doch recht schwach dastand, den Schlafrock aus, »jetzt wird es bald drei Jahre her sein, da war ja mein Freund bei uns zu Besuch. Ich erinnere mich noch, dass du ihn nicht besonders gern hattest. Wenigstens zwei Mal habe ich ihn vor dir verleugnet, trotzdem er gerade bei mir im Zimmer saß. Ich konnte ja deine Abneigung gegen ihn ganz gut verstehn, mein Freund hat seine Eigentümlichkeiten. Aber dann hast du dich doch auch wieder ganz gut mit ihm unterhalten. Ich war damals noch so stolz darauf, dass du ihm zuhörtest, nicktest und fragtest. Wenn du nachdenkst, musst du dich erinnern. Er erzählte damals unglaubliche Geschichten von der russischen Revolution. Wie er z. B. auf einer Geschäftsreise in Kiew bei einem Tumult einen Geistlichen auf einem Balkon gesehen hatte, der sich ein breites Blutkreuz in die flache Hand schnitt, diese Hand erhob und die Menge anrief. Du hast ja selbst diese Geschichte hie und da wiedererzählt.«

Währenddessen war es Georg gelungen, den Vater wieder niederzusetzen und ihm die Trikothose, die er über den Leinenunterhosen trug, sowie die Socken vorsichtig auszuziehn. Beim Anblick der nicht besonders reinen Wäsche machte er sich Vorwürfe, den Vater vernachlässigt zu haben. Es wäre sicherlich auch seine Pflicht gewesen, über den Wäschewechsel seines Vaters zu wachen. Er hatte mit seiner Braut darüber noch nicht ausdrücklich gesprochen, wie sie die Zukunft des Vaters einrichten wollten, aber sie hatten stillschweigend vorausgesetzt, dass der Vater allein in der alten Wohnung bleiben würde. Doch jetzt entschloss er sich kurz mit aller Bestimmtheit, den Vater in seinen künftigen Haushalt mitzunehmen. Es schien ja fast, wenn man genauer zusah, dass die Pflege, die dort dem Vater bereitet werden sollte, zu spät kommen könnte.

Auf seinen Armen trug er den Vater ins Bett. Ein schreckliches Gefühl hatte er, als er während der paar Schritte zum Bett hin merkte, dass an seiner Brust der Vater mit seiner Uhrkette spiele. Er konnte ihn nicht gleich ins Bett legen, so fest hielt er sich an dieser Uhrkette.

Kaum war er aber im Bett, schien alles gut. Er deckte sich selbst zu und zog dann die Bettdecke noch besonders weit über die Schulter. Er sah nicht unfreundlich zu Georg hinauf.

»Nicht wahr, du erinnerst dich schon an ihn?« fragte Georg und nickte ihm aufmunternd zu.

»Bin ich jetzt gut zugedeckt?« fragte der Vater, als könne er nicht nachschauen, ob die Füße genug bedeckt seien.

»Es gefällt dir also schon im Bett«, sagte Georg und legte das Deckzeug besser um ihn.

»Bin ich gut zugedeckt?« fragte der Vater noch einmal und schien auf die Antwort besonders aufzupassen.

»Sei nur ruhig, du bist gut zugedeckt.«

»Nein!« rief der Vater, dass die Antwort an die Frage stieß, warf die Decke zurück mit einer Kraft, dass sie einen Augenblick im Fluge sich ganz entfaltete, und stand aufrecht im Bett. Nur eine Hand hielt er leicht an den Plafond[1]. »Du wolltest mich zudecken, das

1 Zimmerdecke

weiß ich, mein Früchtchen, aber zugedeckt bin ich noch nicht. Und ist es auch die letzte Kraft, genug für dich, zu viel für dich! Wohl kenne ich deinen Freund. Er wäre ein Sohn nach meinem Herzen. Darum hast du ihn auch betrogen die ganzen Jahre lang. Warum sonst? Glaubst du, ich habe nicht um ihn geweint? Darum doch sperrst du dich in dein Büro, niemand soll stören, der Chef ist beschäftigt – nur damit du deine falschen Briefchen nach Russland schreiben kannst. Aber den Vater muss glücklicherweise niemand lehren, den Sohn zu durchschauen. Wie du jetzt geglaubt hast, du hättest ihn untergekriegt, so untergekriegt, dass du dich mit deinem Hintern auf ihn setzen kannst und er rührt sich nicht, da hat sich mein Herr Sohn zum Heiraten entschlossen!«

Georg sah zum Schreckbild seines Vaters auf. Der Petersburger Freund, den der Vater plötzlich so gut kannte, ergriff ihn, wie noch nie. Verloren im weiten Russland sah er ihn. An der Türe des leeren, ausgeraubten Geschäftes sah er ihn. Zwischen den Trümmern der Regale, den zerfetzten Waren, den fallenden Gasarmen stand er gerade noch. Warum hatte er so weit wegfahren müssen!

»Aber schau mich an!« rief der Vater, und Georg lief, fast zerstreut, zum Bett, um alles zu fassen, stockte aber in der Mitte des Weges.

»Weil sie die Röcke gehoben hat«, fing der Vater zu flöten an, »weil sie die Röcke so gehoben hat, die widerliche Gans«, und er hob, um das darzustellen, sein Hemd so hoch, dass man auf seinem Oberschenkel die Narbe aus seinen Kriegsjahren sah, »weil sie die Röcke so und so und so gehoben hat, hast du dich an sie herangemacht, und damit du an ihr ohne Störung dich befriedigen kannst, hast du unserer Mutter Andenken geschändet, den Freund verraten und deinen Vater ins Bett gesteckt, damit er sich nicht rühren kann. Aber kann er sich rühren oder nicht?«

Und er stand vollkommen frei und warf die Beine. Er strahlte vor Einsicht.

Georg stand in einem Winkel, möglichst weit vom Vater.

Vor einer langen Weile hatte er sich fest entschlossen, alles vollkommen genau zu beobachten, damit er nicht irgendwie auf Umwegen, von hinten her, von oben herab überrascht werden könne. Jetzt erinnerte er sich wieder an den längst vergessenen Entschluss und vergaß ihn, wie man einen kurzen Faden durch ein Nadelöhr zieht.

»Aber der Freund ist nun doch nicht verraten!« rief der Vater, und sein hin- und herbewegter Zeigefinger bekräftigte es. »Ich war sein Vertreter hier am Ort.«

»Komödiant!« konnte sich Georg zu rufen nicht enthalten, erkannte sofort den Schaden und biss, nur zu spät, – die Augen erstarrt – in seine Zunge, dass er vor Schmerz einknickte.

»Ja, freilich habe ich Komödie gespielt! Komödie! Gutes Wort! Welcher andere Trost blieb dem alten verwitweten Vater? Sag – und für den Augenblick der Antwort sei du noch mein lebender Sohn –, was blieb mir übrig, in meinem Hinterzimmer, verfolgt vom ungetreuen Personal, alt bis in die Knochen? Und mein Sohn ging im Jubel durch die Welt, schloss Geschäfte ab, die ich vorbereitet hatte, überpurzelte sich vor Vergnügen und ging vor seinem Vater mit dem verschlossenen Gesicht eines Ehrenmannes davon! Glaubst du, ich hätte dich nicht geliebt, ich, von dem du ausgingst?«

»Jetzt wird er sich vorbeugen«, dachte Georg, »wenn er fiele und zerschmetterte!« Dieses Wort durchzischte seinen Kopf.

Der Vater beugte sich vor, fiel aber nicht. Da Georg sich nicht näherte, wie er erwartet hatte, erhob er sich wieder.

»Bleib, wo du bist, ich brauche dich nicht! Du denkst, du hast noch die Kraft, hierher zu kommen und hältst dich bloß zurück, weil du so willst. Dass du dich nicht irrst! Ich bin noch immer der viel Stärkere. Allein hätte ich vielleicht zurückweichen müssen, aber so hat mir die Mutter ihre Kraft abgegeben, mit deinem Freund habe ich mich herrlich verbunden, deine Kundschaft habe ich hier in der Tasche!«

»Sogar im Hemd hat er Taschen!« sagte sich Georg und glaubte, er könne ihn mit dieser Bemerkung in der ganzen Welt unmöglich machen. Nur einen Augenblick dachte er das, denn immerfort vergaß er alles.

»Häng dich nur in deine Braut ein und komm mir entgegen! Ich fege sie dir von der Seite weg, du weißt nicht wie!«

Georg machte Grimassen, als glaube er das nicht. Der Vater nickte bloß, die Wahrheit dessen beteuernd, was er sagte, in Georgs Ecke hin.

»Wie hast du mich doch heute unterhalten, als du kamst und fragtest, ob du deinem Freund von der Verlobung schreiben sollst. Er weiß doch alles, dummer Junge, er weiß doch alles! Ich schrieb ihm doch, weil du vergessen hast, mir das Schreibzeug wegzunehmen. Darum kommt er schon seit Jahren nicht, er weiß ja alles hundert Mal besser als du selbst. Deine Briefe zerknüllt er ungelesen in der linken Hand, während er in der Rechten meine Briefe zum Lesen sich vorhält!«

Seinen Arm schwang er vor Begeisterung über dem Kopf. »Er weiß alles tausend Mal besser!« rief er.

»Zehntausend Mal!« sagte Georg, um den Vater zu verlachen, aber noch in seinem Munde bekam das Wort einen todernsten Klang.

»Seit Jahren passe ich schon auf, dass du mit dieser Frage kämest! Glaubst du, mich kümmert etwas anderes? Glaubst du, ich lese Zeitungen? Da!« und er warf Georg ein Zeitungsblatt, das irgendwie mit ins Bett getragen worden war, zu. Eine alte Zeitung, mit einem Georg schon ganz unbekannten Namen.

»Wie lange hast du gezögert, ehe du reif geworden bist! Die Mutter musste sterben, sie konnte den Freudentag nicht erleben, der Freund geht zugrunde in seinem Russland, schon vor drei Jahren war er gelb zum Wegwerfen, und ich, du siehst ja, wie es mit mir steht. Dafür hast du doch Augen!«

»Du hast mir also aufgelauert!« rief Georg.

Mitleidig sagte der Vater nebenbei: »Das wolltest du wahrscheinlich früher sagen. Jetzt passt es ja gar nicht mehr.«

Und lauter: »Jetzt weißt du also, was es noch außer dir gab, bisher wusstest du nur von dir! Ein unschuldiges Kind warst du ja eigentlich, aber noch eigentlicher warst du ein teuflischer Mensch! – Und darum wisse: Ich verurteile dich jetzt zum Tode des Ertrinkens!«

Georg fühlte sich aus dem Zimmer gejagt, den Schlag, mit dem der Vater hinter ihm aufs Bett stürzte, trug er noch in den Ohren davon. Auf der Treppe, über deren Stufen er wie über eine schiefe Fläche eilte, überrumpelte er seine Bedienerin, die im Begriff war heraufzugehen, um die Wohnung nach der Nacht aufzuräumen. »Jesus!« rief sie und verdeckte mit der Schürze das Gesicht, aber er war schon davon. Aus dem Tor sprang er, über die Fahrbahn zum Wasser trieb es ihn. Schon hielt er das Geländer fest, wie ein Hungriger die Nahrung. Er schwang sich über, als der ausgezeichnete Turner, der er in seinen Jugendjahren zum Stolz seiner Eltern gewesen war. Noch hielt er sich mit schwächer werdenden Händen fest, erspähte zwischen den Geländestangen einen Autoomnibus, der mit Leichtigkeit seinen Fall übertönen würde, rief leise: »Liebe Eltern, ich habe euch doch immer geliebt«, und ließ sich hinabfallen.

In diesem Augenblick ging über die Brücke ein geradezu unendlicher Verkehr.

(1912)

Brief an den Vater (gekürzt)

Liebster Vater,

Du hast mich letzthin einmal gefragt, warum ich behaupte, ich hätte Furcht vor Dir. Ich wusste Dir, wie gewöhnlich, nichts zu antworten, zum Teil eben aus der Furcht, die ich vor Dir habe, zum Teil deshalb, weil zur Begründung dieser Furcht zu viele Einzelheiten gehören, als dass ich sie im Reden halbwegs zusammenhalten könnte. Und wenn ich hier versuche Dir schriftlich zu antworten, so wird es doch nur sehr unvollständig sein, weil auch im Schreiben die Furcht und ihre Folgen mich Dir gegenüber behindern und weil überhaupt die Größe des Stoffs über mein Gedächtnis und meinen Verstand weit hinausgeht.

Dir hat sich die Sache immer sehr einfach dargestellt, wenigstens soweit Du vor mir und, ohne Auswahl, vor vielen andern davon gesprochen hast. Es schien Dir etwa so zu sein: Du hast Dein ganzes Leben lang schwer gearbeitet, alles für Deine Kinder, vor allem für mich geopfert, ich habe infolgedessen »in Saus und Braus« gelebt, habe vollständige Freiheit gehabt zu lernen, was ich wollte, habe keinen Anlass zu Nahrungssorgen, also zu Sorgen überhaupt gehabt; Du hast dafür keine Dankbarkeit verlangt, Du kennst »die Dankbarkeit der Kinder«, aber doch wenigstens irgendein Entgegenkommen, Zeichen eines Mitgefühls; stattdessen habe ich mich seit jeher vor Dir verkrochen, in mein Zimmer, zu Büchern, zu verrückten Freunden, zu überspannten Ideen; offen gesprochen habe ich mit Dir niemals, in den Tempel[1] bin ich nicht zu Dir gekommen, in Franzensbad[2] habe ich Dich nie besucht, auch sonst nie Familiensinn gehabt, um das Geschäft[3] und Deine sonstigen Angelegenheiten habe ich mich nicht gekümmert, die Fabrik[4] habe ich Dir aufgehalst und Dich dann verlassen, Ottla[5] habe ich

1 Offenbar sträubte sich Kafka manchmal gegen die nur konventionsgemäßen Besuche der Synagoge.

2 Böhmischer Kurort, den die Eltern öfter besuchten.

3 das väterliche Galanteriewarengeschäft

4 Mit dem Geld des Vaters und Kafkas stiller Teilhabe hatte der Schwager Karl Hermann 1911 die ›Prager Asbestwerke‹ gegründet, die bereits 1917 wieder aufgelöst wurden. Kafkas mangelnder Einsatz für die Firma und der finanzielle Verlust waren dauernder Anlass für Vorwürfe des Vaters.

5 Jüngste und Lieblingsschwester Kafkas; stand wegen ihrer eigenständigen Lebensentscheidungen mit dem Vater in spannungsvoller Beziehung.

in ihrem Eigensinn unterstützt und während ich für Dich keinen Finger rühre (nicht einmal eine Theaterkarte bringe ich Dir) tue ich für Fremde alles. Fasst Du Dein Urteil über mich zusammen, so ergibt sich, dass Du mir zwar etwas geradezu Unanständiges oder Böses nicht vorwirfst (mit Ausnahme vielleicht meiner letzten Heiratsabsicht), aber Kälte, Fremdheit, Undankbarkeit. Und zwar wirfst Du es mir so vor, als wäre es meine Schuld, als hätte ich etwa mit einer Steuerdrehung das Ganze anders einrichten können, während Du nicht die geringste Schuld daran hast, es wäre denn die, dass Du zu gut zu mir gewesen bist.

Diese Deine übliche Darstellung halte ich nur soweit für richtig, dass auch ich glaube, Du seist gänzlich schuldlos an unserer Entfremdung. Aber ebenso gänzlich schuldlos bin auch ich. Könnte ich Dich dazu bringen, dass Du das anerkennst, dann wäre – nicht etwa ein neues Leben möglich, dazu sind wir beide viel zu alt, aber doch eine Art Friede, kein Aufhören, aber doch ein Mildern Deiner unaufhörlichen Vorwürfe. (...)

Vergleiche uns beide: Ich, um es sehr abgekürzt auszudrücken, ein Löwy[6] mit einem gewissen Kafka'schen Fond, der aber eben nicht durch den Kafka'schen Lebens-, Geschäfts-, Eroberungswillen in Bewegung gesetzt wird, sondern durch einen Löwy'schen Stachel, der geheimer, scheuer, in anderer Richtung wirkt und oft überhaupt aussetzt. Du dagegen ein wirklicher Kafka an Stärke, Gesundheit, Appetit, Stimmkraft, Redebegabung, Selbstzufriedenheit, Weltüberlegenheit, Ausdauer, Geistesgegenwart, Menschenkenntnis, einer gewissen Großzügigkeit, natürlich auch mit allen zu diesen Vorzügen gehörigen Fehlern und Schwächen, in welche Dich Dein Temperament und manchmal Dein Jähzorn hineinhetzen. (...)

Jedenfalls waren wir so verschieden und in dieser Verschiedenheit einander so gefährlich, dass, wenn man es hätte etwa im Voraus ausrechnen wollen, wie ich, das langsam sich entwickelnde Kind, und Du, der fertige Mann, sich zueinander verhalten werden, man hätte annehmen können, dass Du mich einfach niederstampfen wirst, dass nichts von mir übrig bleibt. Das ist nun nicht geschehn, das Lebendige lässt sich nicht ausrechnen, aber vielleicht ist Ärgeres geschehn. Wobei ich Dich aber immerfort bitte, nicht zu

6 Kafka vergleicht hier die mütterliche (Julie Löwy) und die väterliche (Hermann Kafka) Ahnenlinie.

vergessen, dass ich niemals im Entferntesten an eine Schuld Deinerseits glaube. Du wirktest so auf mich, wie Du wirken musstest, nur sollst Du aufhören, es für eine besondere Bosheit meinerseits zu halten, dass ich dieser Wirkung erlegen bin. (...)

Direkt erinnere ich mich nur an einen Vorfall aus den ersten Jahren, Du erinnerst Dich vielleicht auch daran. Ich winselte einmal in der Nacht immerfort um Wasser, gewiss nicht aus Durst, sondern wahrscheinlich teils um zu ärgern, teils um mich zu unterhalten. Nachdem einige starke Drohungen nicht geholfen hatten, nahmst Du mich aus dem Bett, trugst mich auf die Pawlatsche[7] und ließest mich dort allein vor der geschlossenen Tür ein Weilchen im Hemd stehn. Ich will nicht sagen, dass das unrichtig war, vielleicht war damals die Nachtruhe auf andere Weise wirklich nicht zu verschaffen, ich will aber damit Deine Erziehungsmittel und ihre Wirkung auf mich charakterisieren. Ich war damals nachher wohl schon folgsam, aber ich hatte einen innern Schaden davon. Das für mich Selbstverständliche des sinnlosen Ums-Wasser-Bittens und das außerordentlich Schreckliche des Hinausgetragen-Werdens konnte ich meiner Natur nach niemals in die richtige Verbindung bringen. Noch nach Jahren litt ich unter der quälenden Vorstellung, dass der riesige Mann, mein Vater, die letzte Instanz fast ohne Grund kommen und mich in der Nacht aus dem Bett auf die Pawlatsche tragen konnte und dass ich also ein solches Nichts für ihn war.

Das war damals ein kleiner Anfang nur, aber dieses mich oft beherrschende Gefühl der Nichtigkeit (ein in anderer Hinsicht allerdings auch edles und fruchtbares Gefühl) stammt vielfach von Deinem Einfluss. Ich hätte ein wenig Aufmunterung, ein wenig Freundlichkeit, ein wenig Offenhalten meines Wegs gebraucht, stattdessen verstelltest Du ihn mir, in der guten Absicht freilich, dass ich einen andern Weg gehen sollte. Aber dazu taugte ich nicht. Du muntertest mich z. B. auf, wenn ich gut salutierte und marschierte, aber ich war kein künftiger Soldat, oder Du muntertest mich auf, wenn ich kräftig essen und sogar Bier dazu trinken konnte, oder wenn ich unverstandene Lieder nachsingen oder Deine Lieblingsredensarten Dir nachplappern konnte, aber nichts davon gehörte zu meiner Zukunft. (...)

---

7 tschech.: offener Gang an der Hofseite eines Hauses

Dem entsprach weiter Deine geistige Oberherrschaft. Du hattest Dich allein durch eigene Kraft so hoch hinaufgearbeitet, infolgedessen hattest Du unbeschränktes Vertrauen zu Deiner Meinung. Das war für mich als Kind nicht einmal so blendend wie später für den heranwachsenden jungen Menschen. In Deinem Lehnstuhl regiertest Du die Welt. Deine Meinung war richtig, jede andere war verrückt, überspannt, meschugge[8], nicht normal. Dabei war Dein Selbstvertrauen so groß, dass Du gar nicht konsequent sein musstest und doch nicht aufhörtest Recht zu haben. Es konnte auch vorkommen, dass Du in einer Sache gar keine Meinung hattest und infolgedessen alle Meinungen, die hinsichtlich der Sache überhaupt möglich waren, ohne Ausnahme falsch sein mussten. Du konntest z.B. auf die Tschechen schimpfen, dann auf die Deutschen, dann auf die Juden und zwar nicht nur in Auswahl sondern in jeder Hinsicht und schließlich blieb niemand mehr übrig außer Dir[9]. Du bekamst für mich das Rätselhafte, das alle Tyrannen haben, deren Recht auf ihrer Person, nicht auf dem Denken begründet ist. Wenigstens schien es mir so.
Nun behieltest Du ja mir gegenüber tatsächlich erstaunlich oft Recht, im Gespräch war das selbstverständlich, denn zum Gespräch kam es kaum, aber auch in Wirklichkeit. Doch war auch das nichts besonders Unbegreifliches. Ich stand ja in allem meinem Denken unter Deinem schweren Druck, auch in dem Denken, das nicht mit dem Deinen übereinstimmte und besonders in diesem. Alle diese von Dir scheinbar unabhängigen Gedanken waren von Anfang an belastet mit Deinem absprechenden Urteil; bis zur vollständigen und dauernden Ausführung des Gedankens das zu ertragen, war fast unmöglich. (...) Der Mut, die Entschlossenheit, die Zuversicht, die Freude an dem und jenem hielten nicht bis zum Ende aus, wenn Du dagegen warst oder schon wenn Deine Gegnerschaft bloß angenommen werden konnte; und angenommen konnte sie wohl bei fast allem werden, was ich tat. (...)
Es ist auch wahr, dass Du mich kaum einmal wirklich geschlagen hast. Aber das Schreien, das Rotwerden Deines Gesichts, das eilige Losmachen der Hosenträger, ihr Bereitliegen auf der Stuhllehne

8 jidd.: verrückt, durchgedreht
9 Kafka erwähnt hier die drei ethnischen Gruppen, aus denen sich die Bevölkerung Prags zusammensetzte.

war für mich fast ärger. Es ist, wie wenn einer gehenkt werden soll. Wird er wirklich gehenkt, dann ist er tot und es ist alles vorüber. Wenn er aber alle Vorbereitungen zum Gehenktwerden miterleben muss und erst wenn ihm die Schlinge vor dem Gesicht hängt, von seiner Begnadigung erfährt, so kann er sein Leben lang daran zu leiden haben. Überdies sammelte sich aus diesen vielen Malen, wo ich Deiner deutlich gezeigten Meinung nach Prügel verdient hätte, ihnen aber aus Deiner Gnade noch knapp entgangen war, wieder nur ein großes Schuldbewusstsein an. Von allen Seiten her kam ich in Deine Schuld. (...)

Ich leugne auch nicht, dass es möglich gewesen wäre, dass ich die Früchte Deiner großen und erfolgreichen Arbeit wirklich richtig hätte genießen, verwerten und mit ihnen zu Deiner Freude hätte weiterarbeiten können, dem aber stand eben unsere Entfremdung entgegen. Ich konnte, was Du gabst, genießen, aber nur in Beschämung, Müdigkeit, Schwäche, Schuldbewusstsein. Deshalb konnte ich Dir für alles nur bettlerhaft dankbar sein, durch die Tat nicht.

Das nächste äußere Ergebnis dieser ganzen Erziehung war, dass ich alles floh, was nur von der Ferne an Dich erinnerte. Zuerst das Geschäft. An und für sich besonders in der Kinderzeit, so lange es ein Gassengeschäft war, hätte es mich sehr freuen müssen, es war so lebendig, abends beleuchtet, man sah, man hörte viel, konnte hie und da helfen, sich auszeichnen, vor allem aber Dich bewundern in Deinen großartigen kaufmännischen Talenten (...). Aber da Du allmählich von allen Seiten mich erschrecktest und Geschäft und Du sich mir deckten, war mir auch das Geschäft nicht mehr behaglich. Dinge, die mir dort zuerst selbstverständlich gewesen waren, quälten, beschämten mich, besonders Deine Behandlung des Personals. (...) Dich aber hörte und sah ich im Geschäft schreien, schimpfen und wüten, wie es meiner damaligen Meinung nach in der ganzen Welt nicht wieder vorkam. (...) Du warst ganz abgesehn vom Unternehmerinteresse und abgesehn von Deiner Herrschsucht schon als Geschäftsmann allen, die jemals bei Dir gelernt haben, so sehr überlegen, dass Dich keine ihrer Leistungen befriedigen konnte, ähnlich ewig unbefriedigt musstest Du auch von mir sein. Deshalb gehörte ich notwendig zur Partei des Personals, übrigens auch deshalb weil ich schon aus Ängstlichkeit nicht begriff, wie man einen Fremden so beschimpfen konnte und darum

aus Ängstlichkeit das meiner Meinung nach fürchterlich aufgebrachte Personal irgendwie mit Dir, mit unserer Familie schon um meiner eigenen Sicherheit willen aussöhnen wollte. (...) Du suchtest dann (für mich ist das heute rührend und beschämend) aus meiner Dich doch sehr schmerzenden Abneigung gegen das Geschäft, gegen Dein Werk doch noch ein wenig Süßigkeit für Dich zu ziehn, indem Du behauptetest, mir fehle der Geschäftssinn, ich habe höhere Ideen im Kopf u. dgl. Die Mutter freute sich natürlich über diese Erklärung, die Du Dir abzwangst, und auch ich in meiner Eitelkeit und Not ließ mich davon beeinflussen. Wären es aber wirklich nur oder hauptsächlich die »höheren Ideen« gewesen, die mich vom Geschäft (das ich jetzt, aber erst jetzt, ehrlich und tatsächlich hasse) abbrachten, sie hätten sich anders äußern müssen, als dass sie mich ruhig und ängstlich durchs Gymnasium und durch das Jusstudium[10] schwimmen ließen, bis ich beim Beamtenschreibtisch endgültig landete. (...)
Von Ottla wage ich kaum zu schreiben, ich weiß, ich setze damit die ganze erhoffte Wirkung des Briefes aufs Spiel. (...) Zwischen uns war es kein eigentlicher Kampf; ich war bald erledigt; was übrig blieb, war Flucht, Verbitterung, Trauer, innerer Kampf. Ihr zwei aber waret immer in Kampfstellung, immer frisch, immer bei Kräften. Ein ebenso großartiger, wie trostloser Anblick. (...) Du siehst uns zwar (...) oft beisammen, wir flüstern, lachen, hie und da hörst Du Dich erwähnen. Du hast den Eindruck von frechen Verschwörern. Merkwürdige Verschwörer. Du bist allerdings ein Hauptthema unserer Gespräche, wie unseres Denkens seit jeher, aber wahrhaftig nicht, um etwas gegen Dich auszudenken, sitzen wir beisammen, sondern um mit aller Anstrengung, mit Spaß, mit Ernst, mit Liebe, Trotz, Zorn, Widerwille, Ergebung, Schuldbewusstsein, mit allen Kräften des Kopfes und Herzens diesen schrecklichen Prozess, der zwischen uns und Dir schwebt, in allen Einzelheiten, von allen Seiten, bei allen Anlässen, von fern und nah gemeinsam durchzusprechen, diesen Prozess, in dem Du immerfort Richter zu sein behauptest, während Du, wenigstens zum größten Teil (hier lasse ich die Tür allen Irrtümern offen, die mir natürlich begegnen können), ebenso schwache und verblendete Partei bist, wie wir. (...)
Ich hatte vor Dir das Selbstvertrauen verloren, dafür ein grenzen-

10 das Jurastudium

loses Schuldbewusstsein eingetauscht. (In Erinnerung an diese Grenzenlosigkeit schrieb ich von jemandem einmal richtig: »Er fürchtet, die Scham werde ihn noch überleben.«[11]) Ich konnte mich nicht plötzlich verwandeln, wenn ich mit andern Menschen zusammenkam, ich kam vielmehr ihnen gegenüber noch in tieferes Schuldbewusstsein, denn ich musste ja, wie ich schon sagte, das an ihnen gutmachen, was Du unter meiner Mitverantwortung im Geschäft an ihnen verschuldet hattest. Außerdem hattest Du ja gegen jeden, mit dem ich verkehrte, offen oder im Geheimen etwas einzuwenden, auch das musste ich ihm abbitten. Das Misstrauen, das Du mir in Geschäft und Familie gegen die meisten Menschen beizubringen suchtest (nenne mir einen in der Kinderzeit irgendwie für mich bedeutenden Menschen, den Du nicht wenigstens einmal bis in den Grund hinunterkritisiert hättest) und das Dich merkwürdigerweise gar nicht besonders beschwerte (Du warst eben stark genug es zu ertragen, außerdem war es in Wirklichkeit vielleicht nur ein Emblem des Herrschers) – dieses Misstrauen, das sich mir Kleinem für die eigenen Augen nirgends bestätigte, da ich überall nur unerreichbar ausgezeichnete Menschen sah, wurde in mir zu Misstrauen gegen mich selbst und zur fortwährenden Angst vor allen andern. Dort konnte ich mich also im Allgemeinen vor Dir gewiss nicht retten. Dass Du Dich darüber täuschtest, lag vielleicht daran, dass Du ja von meinem Menschenverkehr eigentlich gar nichts erfuhrst, und misstrauisch und eifersüchtig (leugne ich denn, dass Du mich lieb hast?) annahmst, dass ich mich für den Entgang an Familienleben anderswo entschädigen müsse, da es doch unmöglich wäre, dass ich draußen ebenso lebe. (...)
Richtiger trafst Du mit Deiner Abneigung mein Schreiben und was, Dir unbekannt, damit zusammenhing. Hier war ich tatsächlich ein Stück selbstständig von Dir weggekommen, wenn es auch ein wenig an den Wurm erinnerte, der, hinten von einem Fuß niedergetreten, sich mit dem Vorderteil losreißt und zur Seite schleppt. Einigermaßen in Sicherheit war ich, es gab ein Aufatmen; die Abneigung, die Du natürlich gleich auch gegen mein Schreiben hattest, war mir hier ausnahmsweise willkommen. Meine Eitelkeit, mein Ehrgeiz litten zwar unter Deiner für uns berühmt gewordenen Begrüßung meiner Bücher: »Leg's auf den Nachttisch!«

11 Ähnlich lautet der letzte Satz von Kafkas Roman »Der Prozess«.

(meistens spieltest Du ja Karten, wenn ein Buch kam), aber im Grunde war mir dabei doch wohl, nicht nur aus aufbegehrender Bosheit, nicht nur aus Freude über eine neue Bestätigung meiner Auffassung unseres Verhältnisses, sondern ganz ursprünglich, weil jene Formel mir klang wie etwa: »Jetzt bist Du frei!« Natürlich war es eine Täuschung, ich war nicht oder allergünstigsten Falles noch nicht frei. Mein Schreiben handelte von Dir, ich klagte dort ja nur, was ich an Deiner Brust nicht klagen konnte. Es war ein absichtlich in die Länge gezogener Abschied von Dir, nur dass er zwar von Dir erzwungen war, aber in der von mir bestimmten Richtung verlief. Aber wie wenig war das alles! Es ist ja überhaupt nur deshalb der Rede wert, weil es sich in meinem Leben ereignet hat, anderswo wäre es gar nicht zu merken, und dann noch deshalb, weil es mir in der Kindheit als Ahnung, später als Hoffnung, noch später oft als Verzweiflung mein Leben beherrschte und mir – wenn man will, doch wieder in Deiner Gestalt – meine paar kleinen Entscheidungen diktierte. (...)

Gar keine Voraussicht fast zeigte ich aber hinsichtlich der Bedeutung und Möglichkeit einer Ehe für mich; dieser bisher größte Schrecken meines Lebens ist fast vollständig unerwartet über mich gekommen. Das Kind hatte sich so langsam entwickelt, diese Dinge lagen ihm äußerlich gar zu abseits, hie und da ergab sich die Notwendigkeit daran zu denken; dass sich hier aber eine dauernde, entscheidende und sogar die erbitterteste Prüfung vorbereite, war nicht zu erkennen. In Wirklichkeit aber wurden die Heiratsversuche[12] der großartigste und hoffnungsreichste Versuch Dir zu entgehn, entsprechend großartig war dann allerdings auch das Misslingen. (...)

Heiraten, eine Familie gründen, alle Kinder, welche kommen wollen, hinnehmen, in dieser unsichern Welt erhalten und gar noch ein wenig führen ist meiner Überzeugung nach das Äußerste, das einem Menschen überhaupt gelingen kann. (...)

Wie war ich nun auf dieses vorbereitet? Möglichst schlecht. (...)

Ich erinnere mich, ich ging einmal abend mit Dir und der Mutter spazieren, es war auf dem Josefsplatz in der Nähe der heutigen

---

12 Kafka verlobte sich – nach einer zwischenzeitlichen Entlobung – zweimal mit Felice Bauer, später mit Julie Wohryzek, der Tochter eines Synagogendieners und Schusters, gegen die Kafkas Vater soziale Vorbehalte hatte (siehe die betreffende Briefpassage später).

Länderbank und fing dumm großtuerisch, überlegen, stolz, kühl (das war unwahr), kalt (das war echt) und stotternd, wie ich eben meistens mit Dir sprach, von den interessanten Sachen zu reden an, machte Euch Vorwürfe, dass ich unbelehrt gelassen worden bin, dass sich erst die Mitschüler meiner hatten annehmen müssen, dass ich in der Nähe großer Gefahren gewesen bin (hier log ich meiner Art nach unverschämt, um mich mutig zu zeigen, denn infolge meiner Ängstlichkeit hatte ich bis auf die gewöhnlichen Bettsünden der Stadtkinder keine genauere Vorstellung von den »großen Gefahren«) deutete aber zum Schluss an, dass ich jetzt schon glücklicherweise alles wisse, keinen Rat mehr brauche und alles in Ordnung sei. Hauptsächlich hatte ich davon jedenfalls zu reden angefangen, weil es mir Lust machte, davon wenigstens zu reden, dann auch aus Neugierde und schließlich auch, um mich irgendwie für irgendetwas an Euch zu rächen. Du nahmst es entsprechend Deinem Wesen sehr einfach, Du sagtest nur etwa, Du könnest mir einen Rat geben, wie ich ohne Gefahr diese Dinge werde betreiben können. Vielleicht hatte ich gerade eine solche Antwort hervorlocken wollen, sie entsprach ja der Lüsternheit des mit Fleisch und allen guten Dingen überfütterten, körperlich untätigen, mit sich ewig beschäftigten Kindes, aber doch war meine äußerliche Scham dadurch so verletzt oder ich glaubte, sie müsse so verletzt sein, dass ich gegen meinen Willen nicht mehr mit Dir darüber sprechen konnte und hochmütig frech das Gespräch abbrach.

Es ist nicht leicht Deine damalige Antwort zu beurteilen, einerseits hat sie doch etwas niederwerfend Offenes, gewissermaßen Urzeitliches, andererseits ist sie allerdings, was die Lehre selbst betrifft, sehr neuzeitlich bedenkenlos. Ich weiß nicht, wie alt ich damals war, viel älter als sechzehn Jahre gewiss nicht. Für einen solchen Jungen war es aber doch eine sehr merkwürdige Antwort und der Abstand zwischen uns beiden zeigt sich auch darin, dass das eigentlich die erste direkte, Leben-umfassende Lehre war, die ich von Dir bekam. Ihr eigentlicher Sinn aber, der sich schon damals in mich einsenkte, mir aber erst viel später halb zu Bewusstsein kam, war folgender: Das, wozu Du mir rietest, war doch das Deiner Meinung und gar erst meiner damaligen Meinung nach Schmutzigste, was es gab. Dass Du dafür sorgen wolltest, dass ich körperlich von dem Schmutz nichts nach Hause bringe, war nebensächlich, dadurch schütztest Du ja nur Dich, Dein Haus. Die Hauptsache war vielmehr, dass Du außerhalb Deines Rates bliebst, ein Ehemann, ein reiner Mann, erhaben über diese Dinge; das verschärfte sich damals für mich wahrscheinlich noch dadurch, dass mir auch die Ehe schamlos vorkam und es mir daher unmöglich war, das, was ich Allgemeines über die Ehe gehört hatte, auf meine Eltern anzuwenden. Dadurch wurdest Du noch reiner, kamst noch höher. Der Gedanke, dass Du etwa vor der Ehe auch Dir einen ähnlichen Rat hättest geben können, war mir völlig undenkbar. So war also fast kein Restchen irdischen Schmutzes an Dir. Und eben Du stießest mich, so als wäre ich dazu bestimmt, mit paar offenen Worten in diesen Schmutz hinunter. Bestand die Welt also nur aus mir und Dir, eine Vorstellung, die mir sehr nahe lag, dann endete also mit Dir die Reinheit der Welt und mit mir begann kraft Deines Rates der Schmutz. An sich war es ja unverständlich, dass Du mich so verurteiltest, nur alte Schuld und tiefste Verachtung Deinerseits konnte mir das erklären. Und damit war ich also wieder in meinem innersten Wesen angefasst und zwar sehr hart. (...)

Diese beiderseitige Schuldlosigkeit kann ich auch deshalb besonders gut überblicken, weil sich ein ähnlicher Zusammenstoß zwischen uns unter ganz andern Verhältnissen etwa zwanzig Jahre später wieder ereignet hat, als Tatsache grauenhaft, an und für sich allerdings viel unschädlicher, denn wo war da etwas an mir Sechsunddreißigjährigem, dem noch geschadet werden konnte. Ich meine damit eine kleine Aussprache an einem der paar aufgeregten Tage nach Mitteilung meiner letzten Heiratsabsicht. Du sagtest zu mir etwa: »Sie hat wahrscheinlich irgendeine ausgesuchte Bluse angezogen, wie das die Prager Jüdinnen verstehn und daraufhin hast Du Dich natürlich entschlossen sie zu heiraten. Und zwar möglichst rasch, in einer Woche, morgen, heute. Ich begreife Dich nicht, Du bist doch ein erwachsener Mensch, bist in der Stadt, und weißt Dir keinen andern Rat, als gleich eine Beliebige zu heiraten. Gibt es da keine anderen Möglichkeiten? Wenn Du Dich davor fürchtest, werde ich selbst mit Dir hingehn.« (...) Tiefer gedemütigt hast Du mich mit Worten wohl kaum und deutlicher mir Deine Verachtung nie gezeigt. (...)

Beide Mädchen waren zwar durch den Zufall, aber außerordentlich gut gewählt. Wieder ein Zeichen Deines vollständigen Miss-

verstehns, dass Du glauben kannst, ich der Ängstliche, Zögernde, Verdächtigende entschließe mich mit einem Ruck für eine Heirat, etwa aus Entzücken über eine Bluse. Beide Ehen wären vielmehr Vernunftehen geworden, soweit damit gesagt ist, dass Tag und Nacht, das erste Mal Jahre, das zweite Mal Monate alle meine Denkkraft an den Plan gewendet worden ist.
Keines der Mädchen hat mich enttäuscht, nur ich sie beide. Mein Urteil über sie ist heute genau das gleiche, wie damals als ich sie heiraten wollte. (...)
Warum also habe ich nicht geheiratet? Es gab einzelne Hindernisse wie überall, aber im Nehmen solcher Hindernisse besteht ja das Leben. Das wesentliche, vom einzelnen Fall leider unabhängige Hindernis war aber, dass ich offenbar geistig unfähig bin zu heiraten. Das äußert sich darin, dass ich von dem Augenblick an, wo ich mich entschließe zu heiraten nicht mehr schlafen kann, der Kopf glüht bei Tag und Nacht, es ist kein Leben mehr, ich schwanke verzweifelt herum. Es sind das nicht eigentlich Sorgen, die das verursachen, zwar laufen auch entsprechend meiner Schwerblütigkeit und Pedanterie unzählige Sorgen mit, aber sie sind nicht das Entscheidende, sie vollenden zwar wie Würmer die Arbeit am Leichnam, aber entscheidend getroffen bin ich von anderem. Es ist der allgemeine Druck der Angst, der Schwäche, der Selbstmissachtung.
Ich will es näher zu erklären versuchen: Hier beim Heiratsversuch trifft in meinen Beziehungen zu Dir zweierlei scheinbar Entgegengesetztes so stark wie nirgends sonst zusammen. Die Heirat ist gewiss die Bürgschaft für die schärfste Selbstbefreiung und Unabhängigkeit. Ich hätte eine Familie, das Höchste, was man meiner Meinung nach erreichen kann, also auch das Höchste, was Du erreicht hast, ich wäre Dir ebenbürtig, alle alte und ewig neue Schande und Tyrannei wäre bloß noch Geschichte. Das wäre allerdings märchenhaft, aber darin liegt eben schon das Fragwürdige. Es ist zu viel, so viel kann nicht erreicht werden. Es ist so, wie wenn einer gefangen wäre und er hätte nicht nur die Absicht zu fliehen, was vielleicht erreichbar wäre, sondern auch noch und zwar gleichzeitig die Absicht, das Gefängnis in ein Lustschloss für sich umzubauen. Wenn er aber flieht, kann er nicht umbauen und wenn er umbaut, kann er nicht fliehn. Wenn ich in dem be-

sonderen Unglücksverhältnis, in welchem ich zu Dir stehe, selbstständig werden will, muss ich etwas tun, was möglichst gar keine Beziehung zu Dir hat; das Heiraten ist zwar das Größte und gibt die ehrenvollste Selbstständigkeit, aber es ist auch gleichzeitig in engster Beziehung zu Dir. Hier hinauskommen zu wollen, hat deshalb etwas von Wahnsinn und jeder Versuch wird fast damit gestraft.

Gerade diese enge Beziehung lockt mich ja teilweise auch zum Heiraten. Ich denke mir diese Ebenbürtigkeit, die dann zwischen uns entstehen würde und die Du verstehen könntest wie keine andere, eben deshalb so schön, weil ich dann ein freier, dankbarer, schuldloser, aufrechter Sohn sein, Du ein unbedrückter, untyrannischer, mitfühlender, zufriedener Vater sein könntest. Aber zu dem Zweck müsste eben alles Geschehene ungeschehen gemacht, d.h. wir selbst ausgestrichen werden.

So wie wir aber sind, ist mir das Heiraten dadurch verschlossen, dass es gerade Dein eigenstes Gebiet ist. Manchmal stelle ich mir die Erdkarte ausgespannt und Dich quer über sie hin ausgestreckt vor. Und es ist mir dann, als kämen für mein Leben nur die Gegenden in Betracht, die Du entweder nicht bedeckst oder die nicht in Deiner Reichweite liegen. Und das sind entsprechend der Vorstellung, die ich von Deiner Größe habe, nicht viele und nicht sehr trostreiche Gegenden und besonders die Ehe ist nicht darunter. (...)

Ich habe schon angedeutet, dass ich im Schreiben und in dem, was damit zusammenhängt, kleine Selbstständigkeitsversuche, Fluchtversuche mit allerkleinstem Erfolg gemacht habe, sie werden kaum weiterführen, vieles bestätigt mir das. Trotzdem ist es meine Pflicht oder vielmehr es besteht mein Leben darin, über ihnen zu wachen, keine Gefahr, die ich abwehren kann, ja keine Möglichkeit einer solchen Gefahr an sie herankommen zu lassen. Die Ehe ist die Möglichkeit einer solchen Gefahr, allerdings auch die Möglichkeit der größten Förderung, mir aber genügt, dass es die Möglichkeit einer Gefahr ist. (...)

So endet mein bisheriges Leben mit Dir und solche Aussichten trägt es in sich für die Zukunft.

Du könntest, wenn Du meine Begründung der Furcht, die ich vor Dir habe, überblickst, antworten: »Du behauptest, ich mache es

mir leicht, wenn ich mein Verhältnis zu Dir einfach durch Dein Verschulden erkläre, ich aber glaube, dass Du trotz äußerlicher Anstrengung es Dir zumindest nicht schwerer, aber viel einträglicher machst. Zuerst lehnst auch Du jede Schuld und Verantwortung von Dir ab, darin ist also unser Verfahren das gleiche. Während ich aber dann so offen, wie ich es auch meine, die alleinige Schuld Dir zuschreibe, willst Du gleichzeitig ›übergescheit‹ und ›überzärtlich‹ sein und auch mich von jeder Schuld freisprechen. Natürlich gelingt Dir das Letztere nur scheinbar (mehr willst Du ja auch nicht) und es ergibt sich zwischen den Zeilen trotz aller ›Redensarten‹ von Wesen und Natur und Gegensatz und Hilflosigkeit, dass eigentlich ich der Angreifer gewesen bin, während alles, was Du getrieben hast, nur Selbstwehr war. Jetzt hättest Du also schon durch Deine Unaufrichtigkeit genug erreicht, denn Du hast dreierlei bewiesen, erstens dass Du unschuldig bist, zweitens dass ich schuldig bin und drittens dass Du aus lauter Großartigkeit bereit bist, nicht nur mir zu verzeihn, sondern, was mehr und weniger ist, auch noch zu beweisen und es selbst glauben zu wollen, dass ich, allerdings entgegen der Wahrheit, auch unschuldig bin. Das könnte Dir jetzt schon genügen, aber es genügt Dir noch nicht. Du hast es Dir nämlich in den Kopf gesetzt, ganz und gar von mir leben zu wollen. Ich gebe zu, dass wir miteinander kämpfen, aber es gibt zweierlei Kampf. Den ritterlichen Kampf, wo sich die Kräfte selbstständiger Gegner messen, jeder bleibt für sich, verliert für sich, siegt für sich. Und den Kampf des Ungeziefers, welches nicht nur sticht, sondern gleich auch zu seiner Lebenserhaltung das Blut saugt. Das ist ja der eigentliche Berufssoldat und das bist Du. Lebensuntüchtig bist Du; um es Dir aber darin bequem, sorgenlos und ohne Selbstvorwürfe einrichten zu können, beweist Du, dass ich alle Deine Lebenstüchtigkeit Dir genommen und in meine Taschen gesteckt habe. Was kümmert es Dich jetzt, wenn Du lebensuntüchtig bist, ich habe ja die Verantwortung, Du aber streckst Dich ruhig aus und lässt Dich, körperlich und geistig, von mir durchs Leben schleifen.« (...)
Darauf antworte ich, dass zunächst dieser ganze Einwurf, der sich zum Teil auch gegen Dich kehren lässt, nicht von Dir stammt, sondern eben von mir. So groß ist ja nicht einmal Dein Misstrauen gegen andere, wie mein Selbstmisstrauen, zu dem Du mich erzogen hast. Eine gewisse Berechtigung des Einwurfes, der ja auch

noch an sich zur Charakterisierung unseres Verhältnisses Neues beiträgt, leugne ich nicht. So können natürlich die Dinge in Wirklichkeit nicht aneinanderpassen, wie die Beweise in meinem Brief, das Leben ist mehr als ein Geduldspiel; aber mit der Korrektur, die sich durch diesen Einwurf ergibt, eine Korrektur, die ich im Einzelnen weder ausführen kann noch will, ist meiner Meinung nach doch etwas der Wahrheit so sehr Angenähertes erreicht, dass es uns beide ein wenig beruhigen und Leben und Sterben leichter machen kann.

Franz

(1919)

Der plötzliche Spaziergang

Wenn man sich am Abend endgültig entschlossen zu haben scheint, zu Hause zu bleiben, den Hausrock angezogen hat, nach dem Nachtmahl beim beleuchteten Tische sitzt und jene Arbeit oder jenes Spiel vorgenommen hat, nach dessen Beendigung man gewohnheitsgemäß schlafen geht, wenn draußen ein unfreundliches Wetter ist, welches das Zuhausebleiben selbstverständlich macht, wenn man jetzt auch schon so lange bei Tisch stillgehalten hat, dass das Weggehen allgemeines Erstaunen hervorrufen müsste, wenn nun auch schon das Treppenhaus dunkel und das Haustor gesperrt ist, und wenn man nun trotz alledem in einem plötzlichen Unbehagen aufsteht, den Rock wechselt, sofort straßenmäßig angezogen erscheint, weggehen zu müssen erklärt, es nach kurzem Abschied auch tut, je nach der Schnelligkeit, mit der man die Wohnungstür zuschlägt, mehr oder weniger Ärger zu hinterlassen glaubt, wenn man sich auf der Gasse wiederfindet, mit Gliedern, die diese schon unerwartete Freiheit, die man ihnen verschafft hat, mit besonderer Beweglichkeit beantworten, wenn man durch diesen einen Entschluss alle Entschlussfähigkeit in sich gesammelt fühlt, wenn man mit größerer als der gewöhnlichen Bedeutung erkennt, dass man ja mehr Kraft als Bedürfnis hat, die schnellste Veränderung leicht zu bewirken und zu ertragen, und wenn man so die langen Gassen hinläuft, – dann ist man für diesen Abend gänzlich aus seiner Familie ausgetreten, die ins Wesenlose abschwenkt, während man selbst, ganz fest, schwarz vor Umrissenheit, hinten die Schenkel schlagend, sich zu seiner wahren Gestalt erhebt.

Verstärkt wird alles noch, wenn man zu dieser späten Abendzeit einen Freund aufsucht, um nachzusehen, wie es ihm geht.

(1912)

Heimkehr

Ich bin zurückgekehrt, ich habe den Flur durchschritten und blicke mich um. Es ist meines Vaters alter Hof. Die Pfütze in der Mitte. Altes unbrauchbares Gerät ineinander verfahren verstellt den Weg zur Bodentreppe. Die Katze lauert auf dem Geländer. Ein zerrissenes Tuch einmal im Spiel um eine Stange gewunden hebt sich im Wind. Ich bin angekommen. Wer wird mich empfangen? Wer wartet hinter der Tür der Küche? Rauch kommt aus dem Schornstein, der Kaffee zum Abendessen wird gekocht. Ist dir heimlich[1], fühlst du dich zu Hause? Ich weiß es nicht, ich bin sehr unsicher. Meines Vaters Haus ist es, aber kalt steht Stück neben Stück als wäre jedes mit seinen eigenen Angelegenheiten beschäftigt, die ich teils vergessen habe teils niemals kannte. Was kann ich ihnen nützen, was bin ich ihnen und sei ich auch des Vaters, des alten Landwirts Sohn. Und ich wage nicht an der Küchentür zu klopfen, nur von der Ferne horche ich, nur von der Ferne horche ich stehend, nicht sodass ich als Horcher überrascht werden könnte. Und weil ich von der Ferne horche, erhorche ich nichts, nur einen leichten Uhrenschlag höre ich oder glaube ihn vielleicht nur zu hören herüber aus den Kindertagen. Was sonst in der Küche geschieht ist das Geheimnis der dort Sitzenden, das sie vor mir wahren. Je länger man vor der Tür zögert, desto fremder wird man. Wie wäre es wenn jetzt jemand die Tür öffnete und mich etwas fragte. Wäre ich dann nicht selbst wie einer der sein Geheimnis wahren will.

(1920)

1 hier: heimisch bzw. heimelig

»Grenzland zwischen Einsamkeit und Gemeinschaft ...«

Die Abweisung

Wenn ich einem schönen Mädchen begegne und sie bitte: »Sei so gut, komm mit mir« und sie stumm vorübergeht, so meint sie damit:

»Du bist kein Herzog mit fliegendem Namen, kein breiter Amerikaner mit indianischem Wuchs, mit waagrecht ruhenden Augen, mit einer von der Luft der Rasenplätze und der sie durchströmenden Flüsse massierten Haut, du hast keine Reisen gemacht zu den großen Seen und auf ihnen, die ich weiß nicht wo zu finden sind. Also ich bitte, warum soll ich, ein schönes Mädchen, mit dir gehn?«

»Du vergisst, dich trägt kein Automobil in langen Stößen schaukelnd durch die Gasse; ich sehe nicht die in ihre Kleider gepressten Herren deines Gefolges, die Segensprüche für dich murmelnd in genauem Halbkreis hinter dir gehn; deine Brüste sind im Mieder gut geordnet, aber deine Schenkel und Hüften entschädigen sich für jene Enthaltsamkeit; du trägst ein Taffetkleid mit plissierten Falten[1], wie es im vorigen Herbste uns durchaus allen Freude machte, und doch lächelst du – diese Lebensgefahr auf dem Leibe – bisweilen.«

»Ja, wir haben beide recht und, um uns dessen nicht unwiderleglich bewusst zu werden, wollen wir, nicht wahr, lieber jeder allein nach Hause gehn.«

(1906)

---

1 Taffet oder Taft: steifer Seidenstoff; plissiert: in aufspringenden Falten gearbeitet

Der Nachbar[1] [Mein Geschäft ...]

Mein Geschäft ruht ganz auf meinen Schultern. Zwei Fräulein mit Schreibmaschinen und Geschäftsbüchern im Vorzimmer, mein Zimmer mit Schreibtisch, Kassa, Beratungstisch, Klubsessel und Telefon, das ist mein ganzer Arbeitsapparat. So einfach zu überblicken, so leicht zu führen. Ich bin jung und die Geschäfte rollen vor mir her, ich klage nicht. Ich klage nicht. Seit Neujahr hat ein junger Mann die kleine leer stehende Nebenwohnung, die ich ungeschickterweise so lange zu mieten gezögert habe, frischweg gemietet. Auch ein Zimmer mit Vorzimmer, außerdem aber noch eine Küche. Zimmer und Vorzimmer hätte ich wohl brauchen können, meine zwei Fräulein fühlen sich schon manchmal überlastet, – aber wozu hätte mir die Küche gedient. Dieses kleinliche Bedenken war daran schuld, dass ich mir die Wohnung habe wegnehmen lassen. Nun sitzt dort dieser junge Mann. Harras heißt er. Was er dort eigentlich macht weiß ich nicht. Auf der Tür steht nur »Harras, Bureau«. Ich habe Erkundigungen eingezogen, man hat mir mitgeteilt es sei ein Geschäft ähnlich dem meinigen, vor Kreditgewährung könne man nicht geradezu warnen, denn es handle sich doch um einen jungen aufstrebenden Mann, dessen Sache vielleicht Zukunft habe, doch könne man zum Kredit auch nicht geradezu raten, denn gegenwärtig sei allem Anschein nach kein Vermögen vorhanden. Die übliche Auskunft, die man gibt, wenn man nichts weiß. Manchmal treffe ich Harras auf der Treppe, er muss es immer außerordentlich eilig haben, er huscht förmlich an mir vorüber, genau gesehn habe ich ihn noch gar nicht, den Büroschlüssel hat er schon vorbereitet in der Hand, im Augenblick hat er die Tür geöffnet, wie der Schwanz einer Ratte ist er hineingeglitten, und ich stehe wieder vor der Tafel »Harras, Bureau«, die ich schon viel öfter gelesen habe, als sie es verdient. Die elend dünnen Wände, die den ehrlich tätigen Mann verraten, den Unehrlichen aber decken. Mein Telefon ist an der Zimmerwand angebracht die mich von meinem Nachbar trennt, doch hebe ich das bloß als besonders ironische Tatsache hervor, selbst wenn es an der entgegengesetzten Wand hing, würde man in der Nebenwohnung alles

1 Der Titel stammt von Max Brod, dem ersten Herausgeber der Werke Kafkas. Der Text hatte ursprünglich keine Überschrift.

hören. Ich habe mir abgewöhnt, den Namen der Kunden beim Telefon zu nennen, aber es gehört natürlich nicht viel Schlauheit dazu, aus charakteristischen aber unvermeidlichen Wendungen des Gesprächs die Namen zu erraten. Manchmal umtanze ich, die Hörmuschel am Ohr, von Unruhe gestachelt, auf den Fußspitzen den Apparat, und kann es doch nicht verhüten dass Geheimnisse preisgegeben werden. Natürlich werden dadurch beim Telefonieren auch meine geschäftlichen Entscheidungen unsicherer, meine Stimme zittrig. Was macht Harras, während ich telefoniere? Wollte ich sehr übertreiben, aber das muss man oft, um sich Klarheit zu verschaffen, so könnte ich sagen: Harras braucht kein Telefon, er benutzt meines, er hat sein Kanapee[2] an die Wand gerückt und horcht, ich dagegen muss, wenn geläutet wird zum Telefon laufen, die Wünsche des Kunden entgegennehmen, schwerwiegende Entschlüsse fassen, großangelegte Überredungen ausführen, vor allem aber während des Ganzen unwillkürlich durch die Zimmerwand Harras Bericht erstatten. Vielleicht wartet er gar nicht das Ende des Gespräches ab, sondern erhebt sich nach der Gesprächsstelle die ihn über den Fall genügend aufgeklärt hat, huscht nach seiner Gewohnheit durch die Stadt und ehe ich die Hörmuschel aufgehängt habe, ist er vielleicht schon daran, mir entgegenzuarbeiten.
(1917)

2 Sofa

Der Kübelreiter

Verbraucht alle Kohle; leer der Kübel; sinnlos die Schaufel; Kälte atmend der Ofen; das Zimmer vollgeblasen von Frost; vor dem Fenster Bäume starr im Reif; der Himmel, ein silberner Schild gegen den, der von ihm Hilfe will. Ich muss Kohle haben; ich darf doch nicht erfrieren; hinter mir der erbarmungslose Ofen, vor mir der Himmel ebenso; infolgedessen muss ich scharf zwischendurch reiten und in der Mitte beim Kohlenhändler Hilfe suchen. Gegen meine gewöhnlichen Bitten aber ist er schon abgestumpft; ich muss ihm ganz genau nachweisen, dass ich kein einziges Kohlenstäubchen mehr habe und dass er daher für mich geradezu die Sonne am Firmament bedeutet. Ich muss kommen wie der Bettler, der röchelnd vor Hunger an der Türschwelle verenden will und dem deshalb die Herrschaftsköchin den Bodensatz des letzten Kaffees einzuflößen sich entscheidet; ebenso muss mir der Händler, wütend, aber unter dem Strahl des Gebotes »Du sollst nicht töten!« eine Schaufel voll in den Kübel schleudern.

Meine Auffahrt schon muss es entscheiden; ich reite deshalb auf dem Kübel hin. Als Kübelreiter, die Hand oben am Griff, dem einfachsten Zaumzeug, drehe ich mich beschwerlich die Treppe hinab; unten aber steigt mein Kübel auf, prächtig, prächtig; Kamele, niedrig am Boden hingelagert, steigen, sich schüttelnd unter dem Stock des Führers, nicht schöner auf. Durch die fest gefrorene Gasse geht es in ebenmäßigem Trab; oft werde ich bis zur Höhe der ersten Stockwerke gehoben; niemals sinke ich bis zur Haustüre hinab. Und außergewöhnlich hoch schwebe ich vor dem Kellergewölbe des Händlers, in dem er tief unten an seinem Tischchen kauert und schreibt; um die übergroße Hitze abzulassen, hat er die Tür geöffnet.

»Kohlenhändler!« rufe ich mit vor Kälte hohl gebrannter Stimme, in Rauchwolken des Atems gehüllt, »bitte Kohlenhändler, gib mir ein wenig Kohle. Mein Kübel ist schon so leer, dass ich auf ihm reiten kann. Sei so gut. Bis[1] ich kann, bezahle ichs.«

Der Händler legt die Hand ans Ohr. »Hör ich recht?« fragt er über die Schulter weg seine Frau, die auf der Ofenbank strickt, »hör ich recht? Eine Kundschaft.«

---

1 sobald

»Ich höre gar nichts«, sagt die Frau, ruhig aus- und einatmend über den Stricknadeln, wohlig im Rücken gewärmt.

»O ja«, rufe ich, »ich bin es; eine alte Kundschaft; treu ergeben; nur augenblicklich mittellos.«

»Frau«, sagt der Händler, »es ist, es ist jemand; so sehr kann ich mich doch nicht täuschen; eine alte, eine sehr alte Kundschaft muss es sein, die mir so zum Herzen zu sprechen weiß.«

»Was hast du, Mann?« sagt die Frau und drückt, einen Augenblick ausruhend, die Handarbeit an die Brust, »niemand ist es; die Gasse ist leer; alle unsere Kundschaft ist versorgt; wir könnten für Tage das Geschäft sperren und ausruhn.«

»Aber ich sitze doch hier auf dem Kübel«, rufe ich und gefühllose Tränen der Kälte verschleiern mir die Augen, »bitte seht doch herauf; Ihr werdet mich gleich entdecken; um eine Schaufel voll bitte ich; und gebt Ihr zwei, macht Ihr mich überglücklich. Es ist doch schon alle übrige Kundschaft versorgt. Ach, hörte ich es doch schon in dem Kübel klappern!«

»Ich komme«, sagt der Händler und kurzbeinig will er die Kellertreppe emporsteigen, aber die Frau ist schon bei ihm, hält ihn beim Arm fest und sagt: »Du bleibst. Lässt du von deinem Eigensinn nicht ab, so gehe ich hinauf. Erinnere dich an deinen schweren Husten heute nachts. Aber für ein Geschäft und sei es auch ein eingebildetes, vergisst du Frau und Kind und opferst deine Lungen. Ich gehe.« »Dann nenn ihm aber alle Sorten, die wir auf Lager haben; die Preise rufe ich dir nach.« »Gut«, sagt die Frau und steigt zur Gasse auf. Natürlich sieht sie mich gleich.

»Frau Kohlenhändlerin«, rufe ich, »ergebenen Gruß; nur eine Schaufel Kohle; gleich hier in den Kübel; ich führe sie selbst nach Hause; eine Schaufel von der schlechtesten. Ich bezahle sie natürlich voll, aber nicht gleich, nicht gleich.« Was für ein Glockenklang sind die zwei Worte »nicht gleich« und wie sinnverwirrend mischen sie sich mit dem Abendläuten, das eben vom nahen Kirchturm zu hören ist.

»Was will er also haben?« ruft der Händler. »Nichts«, ruft die Frau zurück, »es ist ja nichts; ich sehe nichts; ich höre nichts; nur sechs Uhr läutet es und wir schließen. Ungeheuer ist die Kälte; morgen werden wir wahrscheinlich doch viel Arbeit haben.«

Sie sieht nichts und hört nichts; aber dennoch löst sie das Schür-

zenband und versucht mich mit der Schürze fortzuwehen. Leider gelingt es. Alle Vorzüge eines guten Reittieres hat mein Kübel; Widerstandskraft hat er nicht; zu leicht ist er; eine Frauenschürze jagt ihm die Beine vom Boden.
»Du Böse!« rufe ich noch zurück, während sie, zum Geschäft sich wendend, halb verächtlich, halb befriedigt mit der Hand in die Luft schlägt, »du Böse! Um eine Schaufel von der schlechtesten habe ich gebeten und du hast sie mir nicht gegeben.« Und damit steige ich in die Regionen der Eisgebirge und verliere mich auf Nimmerwiedersehn.
(1916/17)

»Mein Dasein besteht aus diesem unterirdischen Drohen ...«

Der Schlag ans Hoftor[1] [Es war im Sommer ...]

Es war im Sommer, ein heißer Tag. Ich kam auf dem Nachhauseweg mit meiner Schwester an einem Hoftor vorüber. Ich weiß nicht, schlug sie aus Mutwillen ans Tor, oder in Zerstreutheit oder drohte nur mit der Faust und schlug gar nicht. Hundert Schritte weiter an der nach links sich wendenden Landstraße begann ein Dorf. Wir kannten es nicht, aber gleich aus dem ersten Haus kamen Leute hervor und winkten uns, freundschaftlich, aber warnend, selbst erschrocken, gebückt vor Schrecken. Sie zeigten nach dem Hof an dem wir vorübergekommen waren und erinnerten uns an den Schlag ans Tor. Die Hofbesitzer werden uns klagen, gleich werde die Untersuchung beginnen. Ich war sehr ruhig und beruhigte auch meine Schwester. Sie hatte den Schlag wahrscheinlich gar nicht getan und hätte sie ihn getan, so wird deswegen nirgends auf der Welt ein Prozess geführt. Ich suchte das auch den Leuten um uns begreiflich zu machen, sie hörten mich an, enthielten sich aber eines Urteils. Später sagten sie, nicht nur meine Schwester, auch ich als Bruder werde angeklagt werden. Ich nickte lächelnd. Alle blickten wir zum Hof zurück, so wie man eine ferne Rauchwolke beobachtet und auf die Flamme wartet. Und wirklich, bald sahen wir Reiter ins weit offene Hoftor einreiten, Staub erhob sich, verhüllte alles, nur die Spitzen der hohen Lanzen blitzten. Und kaum war die Truppe im Hof verschwunden schien sie gleich die Pferde gewendet zu haben und war auf dem Weg zu uns. Ich drängte meine Schwester fort, ich werde alles allein ins Reine bringen, sie weigerte sich mich allein zu lassen, ich sagte sie solle sich also wenigstens umkleiden um in einem bessern Kleid vor die Herren zu treten. Endlich folgte sie und machte sich auf den langen Weg nach Hause. Schon waren die Reiter bei uns, noch von den Pferden herab fragten sie nach meiner Schwester, sie sei augenblicklich nicht hier, wurde ängstlich geantwortet, werde aber

1 Der Titel stammt von Max Brod, dem ersten Herausgeber der Werke Kafkas. Der Text hatte ursprünglich keine Überschrift.

später kommen. Die Antwort wurde fast gleichgültig aufgenommen; wichtig schien vor allem, dass man mich gefunden hatte. Es waren hauptsächlich zwei Herren, der Richter, ein junger lebhafter Mann und sein stiller Gehilfe, der Assmann genannt wurde. Ich wurde aufgefordert in die Bauernstube einzutreten. Langsam, den Kopf wiegend, an den Hosenträgern rückend, setzte ich mich unter den scharfen Blicken der Herren in Gang. Noch glaubte ich fast, ein Wort werde genügen, um mich, den Städter, sogar noch unter Ehren aus diesem Bauernvolk zu befreien. Aber als ich die Schwelle der Stube überschritten hatte, sagte der Richter, der vorgesprungen war und mich schon erwartete: »Dieser Mann tut mir leid.« Es war aber über allem Zweifel, dass er damit nicht meinen gegenwärtigen Zustand meinte sondern das was mit mir geschehen würde. Die Stube sah einer Gefängniszelle ähnlicher als einer Bauernstube. Große Steinfliesen, dunkelgraue kahle Wand, irgendwo eingemauert ein eiserner Ring, in der Mitte etwas, das halb Pritsche halb Operationstisch war.

Könnte ich noch andere Luft schmecken, als die des Gefängnisses? Das ist die große Frage oder vielmehr sie wäre es, wenn ich Aussicht auf Entlassung hätte.

(1917)

Gibs auf![1] [Ein Kommentar]

Es war sehr früh am Morgen, die Straßen rein und leer, ich ging zum Bahnhof. Als ich eine Turmuhr mit meiner Uhr verglich, sah ich dass es schon viel später war als ich geglaubt hatte, ich musste mich sehr beeilen, der Schrecken über diese Entdeckung ließ mich im Weg unsicher werden, ich kannte mich in dieser Stadt noch nicht sehr gut aus, glücklicherweise war ein Schutzmann in der Nähe, ich lief zu ihm und fragte ihn atemlos nach dem Weg. Er lächelte und sagte: »Von mir willst du den Weg erfahren?« »Ja«, sagte ich, »da ich ihn selbst nicht finden kann.« »Gibs auf, gibs auf«, sagte er und wandte sich mit einem großen Schwunge ab, so wie Leute, die mit ihrem Lachen allein sein wollen.

(1922)

1 Der Titel stammt von Max Brod, dem ersten Herausgeber der Werke Kafkas. Die Überschrift in Klammern war ursprünglich von Kafka vorgesehen.

Kleine Fabel

»Ach«, sagte die Maus, »die Welt wird enger mit jedem Tag. Zuerst war sie so breit, dass ich Angst hatte, ich lief weiter und war glücklich dass ich endlich rechts und links in der Ferne Mauern sah, aber diese langen Mauern eilen so schnell aufeinander zu dass ich schon im letzten Zimmer bin und dort im Winkel steht die Falle, in die ich laufe.« »Du musst nur die Laufrichtung ändern«, sagte die Katze und fraß sie.
(1920)

In der Strafkolonie

»Es ist ein eigentümlicher Apparat«, sagte der Offizier zu dem Forschungsreisenden und überblickte mit einem gewissermaßen bewundernden Blick den ihm doch wohlbekannten Apparat. Der Reisende schien nur aus Höflichkeit der Einladung des Kommandanten gefolgt zu sein, der ihn aufgefordert hatte, der Exekution eines Soldaten beizuwohnen, der wegen Ungehorsam und Beleidigung des Vorgesetzten verurteilt worden war. Das Interesse für diese Exekution war wohl auch in der Strafkolonie[1] nicht sehr groß. Wenigstens war hier in dem tiefen, sandigen, von kahlen Abhängen ringsum abgeschlossenen kleinen Tal außer dem Offizier und dem Reisenden nur der Verurteilte, ein stumpfsinniger, breitmäuliger Mensch mit verwahrlostem Haar und Gesicht und ein Soldat zugegen, der die schwere Kette hielt, in welche die kleinen Ketten ausliefen, mit denen der Verurteilte an den Fuß- und Handknöcheln sowie am Hals gefesselt war und die auch untereinander durch Verbindungsketten zusammenhingen. Übrigens sah der Verurteilte so hündisch ergeben aus, dass es den Anschein hatte, als könnte man ihn frei auf den Abhängen herumlaufen lassen und müsse bei Beginn der Exekution nur pfeifen, damit er käme.

Der Reisende hatte wenig Sinn für den Apparat und ging hinter dem Verurteilten fast sichtbar unbeteiligt auf und ab, während der Offizier die letzten Vorbereitungen besorgte, bald unter den tief in die Erde eingebauten Apparat kroch, bald auf eine Leiter stieg, um die oberen Teile zu untersuchen. Das waren Arbeiten, die man eigentlich einem Maschinisten hätte überlassen können, aber der Offizier führte sie mit einem großen Eifer aus, sei es, dass er ein besonderer Anhänger dieses Apparates war, sei es, dass man aus anderen Gründen die Arbeit sonst niemandem anvertrauen konnte. »Jetzt ist alles fertig!« rief er endlich und stieg von der Leiter hinunter. Er war ungemein ermattet, atmete mit weit offenem Mund und hatte zwei zarte Damentaschentücher hinter den Uniformkragen gezwängt. »Diese Uniformen sind doch für die Tropen zu

1 Im 18. und 19. Jh. z. B. von Frankreich, England und Russland eingerichtete Sträflingslager in entlegenen Gebieten, oftmals auf Inseln; wurden als Arbeitslager und z. T. mit dem Zwecke der Kolonialisierung betrieben.

schwer«, sagte der Reisende, statt sich, wie es der Offizier erwartet hatte, nach dem Apparat zu erkundigen. »Gewiss«, sagte der Offizier und wusch sich die von Öl und Fett beschmutzten Hände in einem bereitstehenden Wasserkübel, »aber sie bedeuten die Heimat; wir wollen nicht die Heimat verlieren. – Nun sehen Sie aber diesen Apparat«, fügte er gleich hinzu, trocknete die Hände mit einem Tuch und zeigte gleichzeitig auf den Apparat. »Bis jetzt war noch Händearbeit nötig, von jetzt aber arbeitet der Apparat ganz allein.« Der Reisende nickte und folgte dem Offizier. Dieser suchte sich für alle Zwischenfälle zu sichern und sagte dann: »Es kommen natürlich Störungen vor; ich hoffe zwar, es wird heute keine eintreten, immerhin muss man mit ihnen rechnen. Der Apparat soll ja zwölf Stunden ununterbrochen im Gang sein. Wenn aber auch Störungen vorkommen, so sind es doch nur ganz kleine und sie werden sofort behoben sein.«

»Wollen Sie sich nicht setzen?« fragte er schließlich, zog aus einem Haufen von Rohrstühlen einen hervor und bot ihn dem Reisenden an; dieser konnte nicht ablehnen. Er saß nun am Rande einer Grube, in die er einen flüchtigen Blick warf. Sie war nicht sehr tief. Zur einen Seite der Grube war die ausgegrabene Erde zu einem Wall aufgehäuft, zur anderen Seite stand der Apparat. »Ich weiß nicht«, sagte der Offizier, »ob Ihnen der Kommandant den Apparat schon erklärt hat.« Der Reisende machte eine ungewisse Handbewegung; der Offizier verlangte nichts Besseres, denn nun konnte er selbst den Apparat erklären. »Dieser Apparat«, sagte er und fasste eine Kurbelstange, auf die er sich stützte, »ist eine Erfindung unseres früheren Kommandanten. Ich habe gleich bei den allerersten Versuchen mitgearbeitet und war auch bei allen Arbeiten bis zur Vollendung beteiligt. Das Verdienst der Erfindung allerdings gebührt ihm allein. Haben Sie von unserem früheren Kommandanten gehört? Nicht? Nun, ich behaupte nicht zu viel, wenn ich sage, dass die Einrichtung der ganzen Strafkolonie sein Werk ist. Wir, seine Freunde, wussten schon bei seinem Tod, dass die Einrichtung der Kolonie so in sich geschlossen ist, dass sein Nachfolger, und habe er tausend neue Pläne im Kopf, wenigstens während vieler Jahre nichts von dem Alten wird ändern können. Unsere Voraussage ist auch eingetroffen; der neue Kommandant hat es erkennen müssen. Schade, dass Sie den früheren Kommandanten nicht gekannt haben! – Aber«, unterbrach sich der Offizier, »ich schwätze, und sein Apparat steht hier vor uns. Er besteht, wie Sie sehen, aus drei Teilen. Es haben sich im Laufe der Zeit für jeden dieser Teile gewissermaßen volkstümliche Bezeichnungen ausgebildet. Der untere heißt das Bett, der obere heißt der Zeichner, und hier der mittlere, schwebende Teil heißt die Egge[2].« »Die Egge?« fragte der Reisende. Er hatte nicht ganz aufmerksam zugehört, die Sonne verfing sich allzu stark in dem schattenlosen Tal, man konnte schwer seine Gedanken sammeln. Umso bewundernswerter erschien ihm der Offizier, der im engen, parademäßigen, mit Epauletten[3] beschwerten, mit Schnüren behängten Waffenrock so eifrig seine Sache erklärte und außerdem, während er sprach, mit einem Schraubendreher noch hier und da an einer Schraube sich zu schaffen machte. In ähnlicher Verfassung wie der Reisende schien der Soldat zu sein. Er hatte um beide Handgelenke die Kette des Verurteilten gewickelt, stützte sich mit einer Hand auf sein Gewehr, ließ den Kopf im Genick hinunterhängen und kümmerte sich um nichts. Der Reisende wunderte sich nicht darüber, denn der Offizier sprach Französisch und Französisch verstand gewiss weder der Soldat noch der Verurteilte. Umso auffallender war es allerdings, dass der Verurteilte sich dennoch bemühte, den Erklärungen des Offiziers zu folgen. Mit einer Art schläfriger Beharrlichkeit richtete er die Blicke immer dorthin, wohin der Offizier gerade zeigte, und als dieser jetzt vom Reisenden mit einer Frage unterbrochen wurde, sah auch er, ebenso wie der Offizier, den Reisenden an.

»Ja, die Egge«, sagte der Offizier, »der Name passt. Die Nadeln sind eggenartig angeordnet, auch wird das Ganze wie eine Egge geführt, wenn auch bloß auf einem Platz und viel kunstgemäßer. Sie werden es übrigens gleich verstehen. Hier auf das Bett wird der Verurteilte gelegt. – Ich will nämlich den Apparat zuerst beschreiben und dann erst die Prozedur selbst ausführen lassen. Sie werden ihr dann besser folgen können. Auch ist ein Zahnrad im Zeichner zu stark abgeschliffen; es kreischt sehr, wenn es im Gang ist; man kann sich dann kaum verständigen; Ersatzteile sind hier leider nur schwer zu beschaffen. – Also hier ist das Bett, wie ich sagte. Es ist

2 landwirtschaftliches Gerät mit mehreren Reihen von Zinken (zur Lockerung des Bodens)

3 (schmuckvolles) Schulterstück auf Uniformen

ganz und gar mit einer Watteschicht bedeckt; den Zweck dessen werden Sie noch erfahren. Auf diese Watte wird der Verurteilte bäuchlings gelegt, natürlich nackt; hier sind für die Hände, hier für die Füße, hier für den Hals Riemen, um ihn festzuschnallen. Hier am Kopfende des Bettes, wo der Mann, wie ich gesagt habe, zuerst mit dem Gesicht aufliegt, ist dieser kleine Filzstumpf, der leicht so reguliert werden kann, dass er dem Mann gerade in den Mund dringt. Er hat den Zweck, am Schreien und am Zerbeißen der Zunge zu hindern. Natürlich muss der Mann den Filz aufnehmen, da ihm sonst durch den Halsriemen das Genick gebrochen wird.« »Das ist Watte?« fragte der Reisende und beugte sich vor. »Ja, gewiss«, sagte der Offizier lächelnd, »befühlen Sie es selbst.« Er fasste die Hand des Reisenden und führte sie über das Bett hin. »Es ist eine besonders präparierte Watte, darum sieht sie so unkenntlich aus; ich werde auf ihren Zweck noch zu sprechen kommen.« Der Reisende war schon ein wenig für den Apparat gewonnen; die Hand zum Schutz gegen die Sonne über den Augen, sah er an dem Apparat in die Höhe. Es war ein großer Aufbau. Das Bett und der Zeichner hatten gleichen Umfang und sahen wie zwei dunkle Truhen aus. Der Zeichner war etwa zwei Meter über dem Bett angebracht; beide waren in den Ecken durch vier Messingstangen verbunden, die in der Sonne fast Strahlen warfen. Zwischen den Truhen schwebte an einem Stahlband die Egge.

Der Offizier hatte die frühere Gleichgültigkeit des Reisenden kaum bemerkt, wohl aber hatte er für sein jetzt beginnendes Interesse Sinn; er setzte deshalb in seinen Erklärungen aus, um dem Reisenden zur ungestörten Betrachtung Zeit zu lassen. Der Verurteilte ahmte den Reisenden nach; da er die Hand nicht über die Augen legen konnte, blinzelte er mit freien Augen zur Höhe.

»Nun liegt also der Mann«, sagte der Reisende, lehnte sich im Sessel zurück und kreuzte die Beine.

»Ja«, sagte der Offizier, schob ein wenig die Mütze zurück und fuhr sich mit der Hand über das heiße Gesicht, »nun hören Sie! Sowohl das Bett, als auch der Zeichner haben ihre eigene elektrische Batterie; das Bett braucht sie für sich selbst, der Zeichner für die Egge. Sobald der Mann festgeschnallt ist, wird das Bett in Bewegung gesetzt. Es zittert in winzigen, sehr schnellen Zuckungen gleichzeitig seitlich, wie auch auf und ab. Sie werden ähnliche Apparate in

Heilanstalten gesehen haben; nur sind bei unserem Bett alle Bewegungen genau berechnet; sie müssen nämlich peinlich auf die Bewegungen der Egge abgestimmt sein. Dieser Egge aber ist die eigentliche Ausführung des Urteils überlassen.«

»Wie lautet denn das Urteil?« fragte der Reisende. »Sie wissen auch das nicht?« sagte der Offizier erstaunt und biss sich auf die Lippen: »Verzeihen Sie, wenn vielleicht meine Erklärungen ungeordnet sind; ich bitte Sie sehr um Entschuldigung. Die Erklärungen pflegte früher nämlich der Kommandant zu geben; der neue Kommandant aber hat sich dieser Ehrenpflicht entzogen; dass er jedoch einen so hohen Besuch« – der Reisende suchte die Ehrung mit beiden Händen abzuwehren, aber der Offizier bestand auf dem Ausdruck – »einen so hohen Besuch nicht einmal von der Form unseres Urteils in Kenntnis setzt, ist wieder eine Neuerung, die –«, er hatte einen Fluch auf den Lippen, fasste sich aber und sagte nur: »Ich wurde nicht davon verständigt, mich trifft nicht die Schuld. Übrigens bin ich allerdings am besten befähigt, unsere Urteilsarten zu erklären, denn ich trage hier« – er schlug auf seine Brusttasche – »die betreffenden Handzeichnungen des früheren Kommandanten.«

»Handzeichnungen des Kommandanten selbst?« fragte der Reisende: »Hat er denn alles in sich vereinigt? War er Soldat, Richter, Konstrukteur, Chemiker, Zeichner?«

»Jawohl«, sagte der Offizier kopfnickend, mit starrem, nachdenklichem Blick. Dann sah er prüfend seine Hände an; sie schienen ihm nicht rein genug, um die Zeichnungen anzufassen; er ging daher zum Kübel und wusch sie nochmals. Dann zog er eine kleine Ledermappe hervor und sagte: »Unser Urteil klingt nicht streng. Dem Verurteilten wird das Gebot, das er übertreten hat, mit der Egge auf den Leib geschrieben. Diesem Verurteilten zum Beispiel« – der Offizier zeigte auf den Mann – »wird auf den Leib geschrieben werden: Ehre deinen Vorgesetzten!«

Der Reisende sah flüchtig auf den Mann hin; er hielt, als der Offizier auf ihn gezeigt hatte, den Kopf gesenkt und schien alle Kraft des Gehörs anzuspannen, um etwas zu erfahren. Aber die Bewegungen seiner wulstig aneinander gedrückten Lippen zeigten offenbar, dass er nichts verstehen konnte. Der Reisende hatte Verschiedenes fragen wollen, fragte aber im Anblick des Mannes nur:

»Kennt er sein Urteil?« »Nein«, sagte der Offizier und wollte gleich in seinen Erklärungen fortfahren, aber der Reisende unterbrach ihn: »Er kennt sein eigenes Urteil nicht?« »Nein«, sagte der Offizier wieder, stockte dann einen Augenblick, als verlange er vom Reisenden eine nähere Begründung seiner Frage, und sagte dann: »Es wäre nutzlos, es ihm zu verkünden. Er erfährt es ja auf seinem Leib.« Der Reisende wollte schon verstummen, da fühlte er, wie der Verurteilte seinen Blick auf ihn richtete; er schien zu fragen, ob er den geschilderten Vorgang billigen könne. Darum beugte sich der Reisende, der sich bereits zurückgelehnt hatte, wieder vor und fragte noch: »Aber dass er überhaupt verurteilt wurde, das weiß er doch?« »Auch nicht«, sagte der Offizier und lächelte den Reisenden an, als erwarte er nun von ihm noch einige sonderbare Eröffnungen. »Nein«, sagte der Reisende und strich sich über die Stirn hin, »dann weiß also der Mann auch jetzt noch nicht, wie seine Verteidigung aufgenommen wurde?« »Er hat keine Gelegenheit gehabt, sich zu verteidigen«, sagte der Offizier und sah abseits, als rede er zu sich selbst und wolle den Reisenden durch Erzählung dieser ihm selbstverständlichen Dinge nicht beschämen. »Er muss doch Gelegenheit gehabt haben, sich zu verteidigen«, sagte der Reisende und stand vom Sessel auf.

Der Offizier erkannte, dass er in Gefahr war, in der Erklärung des Apparates für lange Zeit aufgehalten zu werden; er ging daher zum Reisenden, hing sich in seinen Arm, zeigte mit der Hand auf den Verurteilten, der sich jetzt, da die Aufmerksamkeit so offenbar auf ihn gerichtet war, stramm aufstellte – auch zog der Soldat die Kette an –, und sagte: »Die Sache verhält sich folgendermaßen. Ich bin hier in der Strafkolonie zum Richter bestellt. Trotz meiner Jugend. Denn ich stand auch dem früheren Kommandanten in allen Strafsachen zur Seite und kenne auch den Apparat am besten. Der Grundsatz, nach dem ich entscheide, ist: Die Schuld ist immer zweifellos. Andere Gerichte können diesen Grundsatz nicht befolgen, denn sie sind vielköpfig und haben auch noch höhere Gerichte über sich. Das ist hier nicht der Fall, oder war es wenigstens nicht beim früheren Kommandanten. Der neue hat allerdings schon Lust gezeigt, in mein Gericht sich einzumischen, es ist mir aber bisher gelungen, ihn abzuwehren, und wird mir auch weiter gelingen. – Sie wollten diesen Fall erklärt haben; er ist so einfach, wie alle. Ein Hauptmann hat heute mogens die Anzeige erstattet, dass dieser Mann, der ihm als Diener zugeteilt ist und vor seiner Türe schläft, den Dienst verschlafen hat. Er hat nämlich die Pflicht, bei jedem Stundenschlag aufzustehen und vor der Tür des Hauptmanns zu salutieren. Gewiss keine schwere Pflicht und eine notwendige, denn er soll sowohl zur Bewachung als auch zur Bedienung frisch bleiben. Der Hauptmann wollte in der gestrigen Nacht nachsehen, ob der Diener seine Pflicht erfülle. Er öffnete Schlag zwei Uhr die Tür und fand ihn zusammengekrümmt schlafen. Er holte die Reitpeitsche und schlug ihm über das Gesicht. Statt nun aufzustehen und um Verzeihung zu bitten, fasste der Mann seinen Herrn bei den Beinen, schüttelte ihn und rief: ›Wirf die Peitsche weg, oder ich fresse dich.‹ – Das ist der Sachverhalt. Der Hauptmann kam vor einer Stunde zu mir, ich schrieb seine Angaben auf und anschließend gleich das Urteil. Dann ließ ich dem Mann die Ketten anlegen. Das alles war sehr einfach. Hätte ich den Mann zuerst vorgerufen und ausgefragt, so wäre nur Verwirrung entstanden. Er hätte gelogen, hätte, wenn es mir gelungen wäre, die Lügen zu widerlegen, diese durch neue Lügen ersetzt und so fort. Jetzt aber halte ich ihn und lasse ihn nicht mehr. – Ist nun alles geklärt? Aber die Zeit vergeht, die Exekution sollte schon beginnen, und ich bin mit der Erklärung des Apparates noch nicht fertig.« Er nötigte den Reisenden auf den Sessel nieder, trat wieder zu dem Apparat und begann: »Wie Sie sehen, entspricht die Egge der Form des Menschen; hier ist die Egge für den Oberkörper, hier sind die Eggen für die Beine. Für den Kopf ist nur dieser kleine Stichel bestimmt. Ist Ihnen das klar?« Er beugte sich freundlich zu dem Reisenden vor, bereit zu den umfassendsten Erklärungen.

Der Reisende sah mit gerunzelter Stirn die Egge an. Die Mitteilungen über das Gerichtsverfahren hatten ihn nicht befriedigt. Immerhin musste er sich sagen, dass es sich hier um eine Strafkolonie handelte, dass hier besondere Maßregeln notwendig waren und dass man bis zum Letzten militärisch vorgehen musste. Außerdem aber setzte er einige Hoffnung auf den neuen Kommandanten, der offenbar, allerdings langsam, ein neues Verfahren einzuführen beabsichtigte, das dem beschränkten Kopf dieses Offiziers nicht eingehen konnte. Aus diesem Gedankengang heraus fragte der

Reisende: »Wird der Kommandant der Exekution beiwohnen?« »Es ist nicht gewiss«, sagte der Offizier, durch die unvermittelte Frage peinlich berührt, und seine freundliche Miene verzerrte sich: »Gerade deshalb müssen wir uns beeilen. Ich werde sogar, so leid es mir tut, meine Erklärungen abkürzen müssen. Aber ich könnte ja morgen, wenn der Apparat wieder gereinigt ist – dass er so sehr beschmutzt wird, ist sein einziger Fehler – die näheren Erklärungen nachtragen. Jetzt also nur das Notwendigste. – Wenn der Mann auf dem Bett liegt und dieses ins Zittern gebracht ist, wird die Egge auf den Körper gesenkt. Sie stellt sich von selbst so ein, dass sie nur knapp mit den Spitzen den Körper berührt; ist die Einstellung vollzogen, strafft sich sofort dieses Stahlseil zu einer Stange. Und nun beginnt das Spiel. Ein Nichteingeweihter merkt äußerlich keinen Unterschied in den Strafen. Die Egge scheint gleichförmig zu arbeiten. Zitternd sticht sie ihre Spitzen in den Körper ein, der überdies vom Bett aus zittert. Um es nun jedem zu ermöglichen, die Ausführung des Urteils zu überprüfen, wurde die Egge aus Glas gemacht. Es hat einige technische Schwierigkeiten verursacht, die Nadeln darin zu befestigen, es ist aber nach vielen Versuchen gelungen. Wir haben eben keine Mühe gescheut. Und nun kann jeder durch das Glas sehen, wie sich die Inschrift im Körper vollzieht. Wollen Sie nicht näher kommen und sich die Nadeln ansehen?«

Der Reisende erhob sich langsam, ging hin und beugte sich über die Egge. »Sie sehen«, sagte der Offizier, »zweierlei Nadeln in vielfacher Anordnung. Jede lange hat eine kurze neben sich. Die lange schreibt nämlich, und die kurze spritzt Wasser aus, um das Blut abzuwaschen und die Schrift immer klar zu erhalten. Das Blutwasser wird dann hier in kleine Rinnen geleitet und fließt endlich in diese Hauptrinne, deren Abflussrohr in die Grube führt.« Der Offizier zeigte mit dem Finger genau den Weg, den das Blutwasser nehmen musste. Als er es, um es möglichst anschaulich zu machen, an der Mündung des Abflussrohres mit beiden Händen förmlich auffing, erhob der Reisende den Kopf und wollte, mit der Hand rückwärtstastend, zu seinem Sessel zurückgehen. Da sah er zu seinem Schrecken, dass auch der Verurteilte gleich ihm der Einladung des Offiziers, sich die Einrichtung der Egge aus der Nähe anzusehen, gefolgt war. Er hatte den verschlafenen Soldaten an der

Kette ein wenig vorgezerrt und sich auch über das Glas gebeugt. Man sah, wie er mit unsicheren Augen auch das suchte, was die zwei Herren eben beobachtet hatten, wie es ihm aber, da ihm die Erklärung fehlte, nicht gelingen wollte. Er beugte sich hierhin und dorthin. Immer wieder lief er mit den Augen das Glas ab. Der Reisende wollte ihn zurücktreiben, denn, was er tat, war wahrscheinlich strafbar. Aber der Offizier hielt den Reisenden mit einer Hand fest, nahm mit der anderen eine Erdscholle vom Wall und warf sie nach dem Soldaten. Dieser hob mit einem Ruck die Augen, sah, was der Verurteilte gewagt hatte, ließ das Gewehr fallen, stemmte die Füße mit den Absätzen in den Boden, riss den Verurteilten zurück, dass er gleich niederfiel, und sah dann auf ihn hinunter, wie er sich wand und mit seinen Ketten klirrte. »Stell ihn auf!« schrie der Offizier, denn er merkte, dass der Reisende durch den Verurteilten allzu sehr abgelenkt wurde. Der Reisende beugte sich sogar über die Egge hinweg, ohne sich um sie zu kümmern, und wollte nur feststellen, was mit dem Verurteilten geschehe. »Behandle ihn sorgfältig!« schrie der Offizier wieder. Er umlief den Apparat, fasste selbst den Verurteilten unter den Achseln und stellte ihn, der öfters mit den Füßen ausglitt, mit Hilfe des Soldaten auf.

»Nun weiß ich schon alles«, sagte der Reisende, als der Offizier wieder zu ihm zurückkehrte. »Bis auf das Wichtigste«, sagte dieser, ergriff den Reisenden am Arm und zeigte in die Höhe: »Dort im Zeichner ist das Räderwerk, welches die Bewegung der Egge bestimmt, und dieses Räderwerk wird nach der Zeichnung, auf welche das Urteil lautet, angeordnet. Ich verwende noch die Zeichnungen des früheren Kommandanten. Hier sind sie,« – er zog einige Blätter aus der Ledermappe – »ich kann sie Ihnen aber leider nicht in die Hand geben, sie sind das Teuerste, was ich habe. Setzen Sie sich, ich zeige sie Ihnen aus dieser Entfernung, dann werden Sie alles gut sehen können.« Er zeigte das erste Blatt. Der Reisende hätte gerne etwas Anerkennendes gesagt, aber er sah nur labyrinthartige, einander vielfach kreuzende Linien, die so dicht das Papier bedeckten, dass man nur mit Mühe die weißen Zwischenräume erkannte. »Lesen Sie«, sagte der Offizier. »Ich kann nicht«, sagte der Reisende. »Es ist doch deutlich«, sagte der Offizier. »Es ist sehr kunstvoll«, sagte der Reisende ausweichend, »aber ich kann es nicht entziffern.« »Ja«, sagte der Offizier, lachte und steckte die Mappe wieder ein, »es ist keine Schönschrift für Schulkinder. Man muss lange darin lesen. Auch Sie würden es schließlich gewiss erkennen. Es darf natürlich keine einfache Schrift sein; sie soll ja nicht sofort töten, sondern durchschnittlich erst in einem Zeitraum von zwölf Stunden; für die sechste Stunde ist der Wendepunkt berechnet. Es müssen also viele, viele Zierraten[4] die eigentliche Schrift umgeben; die wirkliche Schrift umzieht den Leib nur in einem schmalen Gürtel; der übrige Körper ist für Verzierungen bestimmt. Können Sie jetzt die Arbeit der Egge und des ganzen Apparates würdigen? – Sehen Sie doch!« Er sprang auf die Leiter, drehte ein Rad, rief hinunter: »Achtung, treten Sie zur Seite«, und alles kam in Gang. Hätte das Rad nicht gekreischt, es wäre herrlich gewesen. Als sei der Offizier von diesem störenden Rad überrascht, drohte er ihm mit der Faust, breitete dann, sich entschuldigend, zum Reisenden hin die Arme aus und kletterte eilig hinunter, um den Gang des Apparates von unten zu beobachten. Noch war etwas nicht in Ordnung, das nur er merkte; er kletterte wieder hinauf, griff mit beiden Händen in das Innere des Zeichners, glitt dann, um rascher hinunterzukommen; statt die Leiter zu benutzen, an der einen Stange hinunter und schrie nun, um sich im Lärm verständlich zu machen, mit äußerster Anspannung dem Reisenden ins Ohr: »Begreifen Sie den Vorgang? Die Egge fängt zu schreiben an; ist sie mit der ersten Anlage der Schrift auf dem Rücken des Mannes fertig, rollt die Watteschicht und wälzt den Körper langsam auf die Seite, um der Egge neuen Raum zu bieten. Inzwischen legten sich die wundbeschriebenen Stellen auf die Watte, welche infolge der besonderen Präparierung sofort die Blutung stillt und zur neuen Vertiefung der Schrift vorbereitet. Hier die Zacken am Rande der Egge reißen dann beim weiteren Umwälzen des Körpers die Watte von den Wunden, schleudern sie in die Grube, und die Egge hat wieder Arbeit. So schreibt sie immer tiefer die zwölf Stunden lang. Die ersten sechs Stunden lebt der Verurteilte fast wie früher, er leidet nur Schmerzen. Nach zwei Stunden wird der Filz entfernt, denn der Mann hat keine Kraft zum Schreien mehr. Hier in diesen elektrisch geheizten Napf am Kopfende wird warmer Reisbrei gelegt, aus dem der Mann, wenn er Lust hat, nehmen kann, was er mit der Zunge erhascht. Keiner versäumt die Gelegenheit. Ich weiß keinen, und

4 Verzierungen

meine Erfahrung ist groß. Erst um die sechste Stunde verliert er das Vergnügen am Essen. Ich knie dann gewöhnlich hier nieder und beobachte diese Erscheinung. Der Mann schluckt den letzten Bissen selten, er dreht ihn nur im Mund und speit ihn in die Grube. Ich muss mich dann bücken, sonst fährt es mir ins Gesicht. Wie still wird dann aber der Mann um die sechste Stunde! Verstand geht dem Blödesten auf. Um die Augen beginnt es. Von hier aus verbreitet es sich. Ein Anblick, der einen verführen könnte, sich mit unter die Egge zu legen. Es geschieht ja nichts weiter, der Mann fängt bloß an, die Schrift zu entziffern, er spitzt den Mund, als horche er. Sie haben gesehen, es ist nicht leicht, die Schrift mit den Augen zu entziffern; unser Mann entziffert sie aber mit seinen Wunden. Es ist allerdings viel Arbeit, er braucht sechs Stunden zu ihrer Vollendung. Dann aber spießt ihn die Egge vollständig auf und wirft ihn in die Grube, wo er auf das Blutwasser und die Watte niederklatscht. Dann ist das Gericht zu Ende, und wir, ich und der Soldat, scharren ihn ein.«

Der Reisende hatte das Ohr zum Offizier geneigt und sah, die Hände in den Rocktaschen, der Arbeit der Maschine zu. Auch der Verurteilte sah ihr zu, aber ohne Verständnis. Er bückte sich ein wenig und verfolgte die schwankenden Nadeln, als ihm der Soldat, auf ein Zeichen des Offiziers, mit einem Messer hinten Hemd und Hose durchschnitt, sodass sie von dem Verurteilten abfielen; er wollte nach dem fallenden Zeug greifen, um seine Blöße zu bedecken, aber der Soldat hob ihn in die Höhe und schüttelte die letzten Fetzen von ihm ab. Der Offizier stellte die Maschine ein, und in der jetzt eintretenden Stille wurde der Verurteilte unter die Egge gelegt. Die Ketten wurden gelöst, und stattdessen die Riemen befestigt; es schien für den Verurteilten im ersten Augenblick fast eine Erleichterung zu bedeuten. Und nun senkte sich die Egge noch ein Stück tiefer, denn es war ein magerer Mann. Als ihn die Spitzen berührten, ging ein Schauer über seine Haut; er streckte, während der Soldat mit seiner rechten Hand beschäftigt war, die linke aus, ohne zu wissen wohin; es war aber die Richtung, wo der Reisende stand. Der Offizier sah ununterbrochen den Reisenden von der Seite an, als suche er von seinem Gesicht den Eindruck abzulesen, den die Exekution, die er ihm nun wenigstens oberflächlich erklärt hatte, auf ihn mache.

Der Riemen, der für das Handgelenk bestimmt war, riss; wahrscheinlich hatte ihn der Soldat zu stark angezogen. Der Offizier sollte helfen, der Soldat zeigte ihm das abgerissene Riemenstück. Der Offizier ging auch zu ihm hinüber und sagte, das Gesicht dem Reisenden zugewendet: »Die Maschine ist sehr zusammengesetzt, es muss hie und da etwas reißen oder brechen; dadurch darf man sich aber im Gesamturteil nicht beirren lassen. Für den Riemen ist übrigens sofort Ersatz geschafft; ich werde eine Kette verwenden; die Zartheit der Schwingung wird dadurch für den rechten Arm allerdings beeinträchtigt.« Und während er die Ketten anlegte, sagte er noch: »Die Mittel zur Erhaltung der Maschine sind jetzt sehr eingeschränkt. Unter dem früheren Kommandanten war eine mir frei zugängliche Kassa nur für diesen Zweck bestimmt. Es gab hier ein Magazin, in dem alle möglichen Ersatzstücke aufbewahrt wurden. Ich gestehe, ich trieb damit fast Verschwendung, ich meine früher, nicht jetzt, wie der neue Kommandant behauptet, dem alles nur zum Vorwand dient, alte Einrichtungen zu bekämpfen. Jetzt hat er die Maschinenkassa in eigener Verwaltung, und schicke ich um einen neuen Riemen, wird der zerrissene als Beweisstück verlangt, der neue kommt erst in zehn Tagen, ist dann aber von schlechterer Sorte und taugt nicht viel. Wie ich aber in der Zwischenzeit ohne Riemen die Maschine betreiben soll, darum kümmert sich niemand.«

Der Reisende überlegte: Es ist immer bedenklich, in fremde Verhältnisse entscheidend einzugreifen. Er war weder Bürger der Strafkolonie, noch Bürger des Staates, dem sie angehörte. Wenn er diese Exekution verurteilen oder gar hintertreiben wollte, konnte man ihm sagen: Du bist ein Fremder, sei still. Darauf hätte er nichts erwidern, sondern nur hinzufügen können, dass er sich in diesem Falle selbst nicht begreife, denn er reise nur mit der Absicht zu sehen und keineswegs etwa, um fremde Gerichtsverfassungen zu ändern. Nun lagen aber hier die Dinge allerdings sehr verführerisch. Die Ungerechtigkeit des Verfahrens und die Unmenschlichkeit der Exekution war zweifellos. Niemand konnte irgendeine Eigennützigkeit des Reisenden annehmen, denn der Verurteilte war ihm fremd, kein Landsmann und ein zum Mitleid gar nicht auffordernder Mensch. Der Reisende selbst hatte Empfehlungen hoher Ämter, war hier mit großer Höflichkeit empfangen worden, und dass er zu dieser Exekution eingeladen worden war, schien sogar darauf hinzudeuten, dass man ein Urteil über dieses Gericht verlangte. Dies war aber umso wahrscheinlicher, als der Kommandant, wie er jetzt überdeutlich gehört hatte, kein Anhänger dieses Verfahrens war und sich gegenüber dem Offizier fast feindselig verhielt.

Da hörte der Reisende einen Wutschrei des Offiziers. Er hatte gerade, nicht ohne Mühe, dem Verurteilten den Filzstumpf in den Mund geschoben, als der Verurteilte in einem unwiderstehlichen Brechreiz die Augen schloss und sich erbrach. Eilig riss ihn der Offizier vom Stumpf in die Höhe und wollte den Kopf zur Grube hindrehen; aber es war zu spät, der Unrat floss schon an der Maschine hinab. »Alles Schuld des Kommandanten!« schrie der Offizier und rüttelte besinnungslos vorn an den Messingstangen, »die Maschine wird mir verunreinigt wie ein Stall.« Er zeigte mit zitternden Händen dem Reisenden, was geschehen war. »Habe ich nicht stundenlang dem Kommandanten begreiflich zu machen gesucht, dass einen Tag vor der Exekution kein Essen mehr verabfolgt werden soll. Aber die neue milde Richtung ist anderer Meinung. Die Damen des Kommandanten stopfen dem Mann, ehe er abgeführt wird, den Hals mit Zuckersachen voll. Sein ganzes Leben hat er sich von stinkenden Fischen genährt und muss jetzt Zuckersachen essen! Aber es wäre ja möglich, ich würde nichts einwenden, aber warum schafft man nicht einen neuen Filz an, wie ich ihn seit einem Vierteljahr erbitte. Wie kann man ohne Ekel diesen Filz in den Mund nehmen, an dem mehr als hundert Männer im Sterben gesaugt und gebissen haben?«

Der Verurteilte hatte den Kopf niedergelegt und sah friedlich aus, der Soldat war damit beschäftigt, mit dem Hemd des Verurteilten die Maschine zu putzen. Der Offizier ging zum Reisenden, der in irgendeiner Ahnung einen Schritt zurücktrat, aber der Offizier fasste ihn bei der Hand und zog ihn zur Seite. »Ich will einige Worte im Vertrauen mit Ihnen sprechen«, sagte er, »ich darf das doch?« »Gewiss«, sagte der Reisende und hörte mit gesenkten Augen zu.

»Dieses Verfahren und diese Hinrichtung, die Sie jetzt zu bewundern Gelegenheit haben, hat gegenwärtig in unserer Kolonie keinen offenen Anhänger mehr. Ich bin ihr einziger Vertreter, gleichzeitig der einzige Vertreter des Erbes des alten Kommandanten. An einen weiteren Ausbau des Verfahrens kann ich nicht mehr denken, ich verbrauche alle meine Kräfte, um zu erhalten, was vorhanden ist. Als der alte Kommandant lebte, war die Kolonie von seinen Anhängern voll; die Überzeugungskraft des alten Kommandanten habe ich zum Teil, aber seine Macht fehlt mir ganz; infolgedessen haben sich die Anhänger verkrochen, es gibt noch viele, aber keiner gesteht es ein. Wenn Sie heute, also an einem Hinrichtungstag, ins Teehaus gehen und herumhorchen, werden Sie vielleicht nur zweideutige Äußerungen hören. Das sind lauter Anhänger, aber unter dem gegenwärtigen Kommandanten und bei seinen gegenwärtigen Anschauungen für mich ganz unbrauchbar. Und nun frage ich Sie: Soll wegen dieses Kommandanten und seiner Frauen, die ihn beeinflussen, ein solches Lebenswerk« – er zeigte auf die Maschine – »zugrunde gehen? Darf man das zulassen? Selbst wenn man nur als Fremder ein paar Tage auf unserer Insel ist? Es ist aber keine Zeit zu verlieren, man bereitet etwas gegen meine Gerichtsbarkeit vor; es finden schon Beratungen in der Kommandantur statt, zu denen ich nicht zugezogen werde; sogar Ihr heutiger Besuch scheint mir für die ganze Lage bezeichnend; man ist feig und schickt Sie, einen Fremden, vor. – Wie war die Exekution anders in früherer Zeit! Schon einen Tag vor der Hinrichtung war das ganze Tal von Menschen überfüllt; alle kamen nur um zu sehen; früh am Morgen erschien der Kommandant mit seinen Damen; Fanfaren weckten den ganzen Lagerplatz; ich erstattete die Meldung, dass alles vorbereitet sei; die Gesellschaft – kein hoher Beamte durfte fehlen – ordnete sich um die Maschine; dieser Haufen Rohrsessel ist ein armseliger Überbleibsel aus jener Zeit. Die Maschine glänzte frisch geputzt, fast zu jeder Exekution nahm ich neue Ersatzstücke. Vor hunderten Augen – alle Zuschauer standen auf den Fußspitzen bis dort zu den Anhöhen – wurde der Verurteilte vom Kommandanten selbst unter die Egge gelegt. Was heute ein gemeiner Soldat tun darf, war damals meine, des Gerichtspräsidenten, Arbeit und ehrte mich. Und nun begann die Exekution! Kein Misston störte die Arbeit der Maschine. Manche sahen nun gar nicht mehr zu, sondern lagen mit geschlossenen Augen im Sand; alle wussten: Jetzt geschieht Gerechtigkeit. In der Stille hörte man nur das Seufzen des Verurteilten, gedämpft durch den Filz. Heute gelingt es der Maschine nicht mehr, dem Verurteilten ein stärkeres Seufzen auszupressen, als der Filz noch ersticken kann; damals aber tropften die schreibenden Nadeln eine beizende Flüssigkeit aus, die heute nicht mehr verwendet werden darf. Nun, und dann kam die sechste Stunde! Es war unmöglich, allen die Bitte, aus der Nähe zuschauen zu dürfen, zu gewähren. Der Kommandant in seiner Einsicht ordnete an, dass vor allem die Kinder berücksichtigt werden sollten; ich allerdings durfte kraft meines Berufes immer dabeistehen; oft hockte ich dort, zwei kleine Kinder rechts und links in meinen Armen. Wie nahmen wir alle den Ausdruck der Verklärung von dem gemarterten Gesicht, wie hielten wir unsere Wangen in den Schein dieser endlich erreichten und schon vergehenden Gerechtigkeit! Was für Zeiten, mein Kamerad!« Der Offizier hatte offenbar vergessen, wer vor ihm stand; er hatte den Reisenden umarmt und den Kopf auf seine Schulter gelegt. Der Reisende war in großer Verlegenheit, ungeduldig sah er über den Offizier hinweg. Der Soldat hatte die Reinigungsarbeit beendet und jetzt noch aus einer Büchse Reisbrei in den Napf geschüttet. Kaum merkte dies der Verurteilte, der sich schon vollständig erholt zu haben schien, als er mit der Zunge nach dem Brei zu schnappen begann. Der Soldat stieß ihn immer wieder weg, denn der Brei war wohl für eine spätere Zeit bestimmt, aber ungehörig war es jedenfalls auch, dass der Soldat mit seinen schmutzigen Händen hineingriff und vor dem gierigen Verurteilten davon aß.

Der Offizier fasste sich schnell. »Ich wollte Sie nicht etwa rühren«, sagte er, »ich weiß, es ist unmöglich, jene Zeiten heute begreiflich zu machen. Im Übrigen arbeitet die Maschine noch und wirkt für sich. Sie wirkt für sich, auch wenn sie allein in diesem Tale steht. Und die Leiche fällt zum Schluss noch immer in dem unbegreiflich sanften Flug in die Grube, auch wenn nicht, wie damals, Hunderte wie Fliegen um die Grube sich versammeln. Damals mussten wir ein starkes Geländer um die Grube anbringen, es ist längst weggerissen.«

Der Reisende wollte sein Gesicht dem Offizier entziehen und blickte ziellos herum. Der Offizier glaubte, er betrachte die Öde des Tales; er ergriff deshalb seine Hände, drehte sich um ihn, um seine Blicke zu fassen, und fragte: »Merken Sie die Schande?«

Aber der Reisende schwieg. Der Offizier ließ ein Weilchen von ihm ab; mit auseinander gestellten Beinen, die Hände in den Hüften, stand er still und blickte zu Boden. Dann lächelte er dem Reisenden aufmunternd zu und sagte: »Ich war gestern in Ihrer Nähe, als der Kommandant Sie einlud. Ich hörte die Einladung. Ich kenne den Kommandanten. Ich verstand sofort, was er mit der Einladung bezweckte. Trotzdem seine Macht groß genug wäre, um gegen mich einzuschreiten, wagt er es noch nicht, wohl aber will er mich Ihrem, dem Urteil eines angesehenen Fremden aussetzen. Seine Berechnung ist sorgfältig; Sie sind den zweiten Tag auf der Insel, Sie kannten den alten Kommandanten und seinen Gedankenkreis nicht, Sie sind in europäischen Anschauungen befangen, vielleicht sind Sie ein grundsätzlicher Gegner der Todesstrafe im Allgemeinen und einer derartigen maschinellen Hinrichtungsart im Besonderen, Sie sehen überdies, wie die Hinrichtung ohne öffentliche Anteilnahme, traurig, auf einer bereits etwas beschädigten Maschine vor sich geht – wäre es nun, alles dieses zusammengenommen (so denkt der Kommandant), nicht sehr leicht möglich, dass Sie mein Verfahren nicht für richtig halten? Und wenn Sie es nicht für richtig halten, werden Sie dies (ich rede noch immer im Sinne des Kommandanten) nicht verschweigen, denn Sie vertrauen doch gewiss Ihren viel erprobten Überzeugungen. Sie haben allerdings viele Eigentümlichkeiten vieler Völker gesehen und achten gelernt, Sie werden daher wahrscheinlich sich nicht mit ganzer Kraft, wie Sie es vielleicht in Ihrer Heimat tun würden, gegen das Verfahren aussprechen. Aber dessen bedarf der Kommandant gar nicht. Ein flüchtiges, ein bloß unvorsichtiges Wort genügt. Es muss gar nicht Ihrer Überzeugung entsprechen, wenn es nur scheinbar seinem Wunsche entgegenkommt. Dass er Sie mit aller Schlauheit ausfragen wird, dessen bin ich gewiss. Und seine Damen werden im Kreis herumsitzen und die Ohren spitzen; Sie werden etwa sagen: ›Bei uns ist das Gerichtsverfahren ein anderes‹, oder ›Bei uns wird der Angeklagte vor dem Urteil verhört‹, oder ›Bei uns erfährt der Verurteilte das Urteil‹, oder ›Bei uns gibt es auch andere Strafen als Todesstrafen‹, oder ›Bei uns gab es Folterungen nur im Mittelalter‹. Das alles sind Bemerkungen, die ebenso richtig sind, als sie Ihnen selbstverständlich erscheinen, unschuldige Bemerkungen, die mein Verfahren nicht antasten. Aber wie wird sie der Kommandant aufnehmen? Ich sehe ihn, den guten Kommandanten, wie er sofort den Stuhl beiseiteschiebt und auf den

Balkon eilt, ich sehe seine Damen, wie sie ihm nachströmen, ich höre seine Stimme – die Damen nennen sie eine Donnerstimme –, nun, und er spricht: ›Ein großer Forscher des Abendlandes, dazu bestimmt, das Gerichtsverfahren in allen Ländern zu überprüfen, hat eben gesagt, dass unser Verfahren nach altem Brauch ein unmenschliches ist. Nach diesem Urteil einer solchen Persönlichkeit ist es mir natürlich nicht mehr möglich, dieses Verfahren zu dulden. Mit dem heutigen Tage also ordne ich an – usw.‹ Sie wollen eingreifen, Sie haben nicht das gesagt, was er verkündet, Sie haben mein Verfahren nicht unmenschlich genannt, im Gegenteil, Ihrer tiefen Einsicht entsprechend halten Sie es für das menschlichste und menschenwürdigste, Sie bewundern auch diese Maschinerie – aber es ist zu spät; Sie kommen gar nicht auf den Balkon, der schon voll Damen ist; Sie wollen sich bemerkbar machen; Sie wollen schreien; aber eine Damenhand hält Ihnen den Mund zu – und ich und das Werk des alten Kommandanten sind verloren.«

Der Reisende musste ein Lächeln unterdrücken; so leicht war also die Aufgabe, die er für so schwer gehalten hatte. Er sagte ausweichend: »Sie überschätzen meinen Einfluss; der Kommandant hat mein Empfehlungsschreiben gelesen, er weiß, dass ich kein Kenner der gerichtlichen Verfahren bin. Wenn ich eine Meinung aussprechen würde, so wäre es die Meinung eines Privatmannes, um nichts bedeutender als die Meinung eines beliebigen anderen, und jedenfalls viel bedeutungsloser als die Meinung des Kommandanten, der in dieser Strafkolonie, wie ich zu wissen glaube, sehr ausgedehnte Rechte hat. Ist seine Meinung über dieses Verfahren eine so bestimmte, wie Sie glauben, dann, fürchte ich, ist allerdings das Ende dieses Verfahrens gekommen, ohne dass es meiner bescheidenen Mithilfe bedürfte.«

Begriff es schon der Offizier? Nein, er begriff noch nicht. Er schüttelte lebhaft den Kopf, sah kurz nach dem Verurteilten und dem Soldaten zurück, die zusammenzuckten und vom Reis abließen, ging ganz nahe an den Reisenden heran, blickte ihm nicht ins Gesicht, sondern irgendwohin auf seinen Rock und sagte leiser als früher: »Sie kennen den Kommandanten nicht; Sie stehen ihm und uns allen – verzeihen Sie den Ausdruck – gewissermaßen harmlos gegenüber; Ihr Einfluss, glauben Sie mir, kann nicht hoch genug eingeschätzt werden. Ich war ja glückselig, als ich hörte,

dass Sie allein der Exekution beiwohnen sollten. Diese Anordnung des Kommandanten sollte mich treffen, nun aber wende ich sie zu meinen Gunsten. Unabgelenkt von falschen Einflüsterungen und verächtlichen Blicken – wie sie bei größerer Teilnahme an der Exekution nicht hätten vermieden werden können – haben Sie meine Erklärungen angehört, die Maschine gesehen und sind nun im Begriffe, die Exekution zu besichtigen. Ihr Urteil steht gewiss schon fest; sollten noch kleine Unsicherheiten bestehen, so wird sie der Anblick der Exekution beseitigen. Und nun stelle ich an Sie die Bitte: Helfen Sie mir gegenüber dem Kommandanten!«
Der Reisende ließ ihn nicht weiterreden. »Wie könnte ich denn das«, rief er aus, »das ist ganz unmöglich. Ich kann Ihnen ebenso wenig nützen als ich Ihnen schaden kann.«
»Sie können es«, sagte der Offizier. Mit einiger Befürchtung sah der Reisende, dass der Offizier die Fäuste ballte. »Sie können es«, wiederholte der Offizier noch dringender. »Ich habe einen Plan, der gelingen muss. Sie glauben, Ihr Einfluss genüge nicht. Ich weiß, dass er genügt. Aber zugestanden, dass Sie recht haben, ist es denn nicht notwendig, zur Erhaltung dieses Verfahrens alles, selbst das möglicherweise Unzureichende zu versuchen? Hören Sie also meinen Plan. Zu seiner Ausführung ist es vor allem nötig, dass Sie heute in der Kolonie mit ihrem Urteil über das Verfahren möglichst zurückhalten. Wenn man Sie nicht geradezu fragt, dürfen Sie sich keinesfalls äußern; Ihre Äußerungen aber müssen kurz und unbestimmt sein; man soll merken, dass es Ihnen schwer wird, darüber zu sprechen, dass Sie verbittert sind, dass Sie, falls Sie offen reden sollten, geradezu in Verwünschungen ausbrechen müssten. Ich verlange nicht, dass Sie lügen sollen; keineswegs; Sie sollen nur kurz antworten, etwa: ›Ja, ich habe die Exekution gesehen‹, oder ›Ja, ich habe alle Erklärungen gehört.‹ Nur das, nichts weiter. Für die Verbitterung, die man Ihnen anmerken soll, ist ja genügend Anlass, wenn auch nicht im Sinne des Kommandanten. Er natürlich wird es vollständig missverstehen und in seinem Sinne deuten. Darauf gründet sich mein Plan. Morgen findet in der Kommandantur unter dem Vorsitz des Kommandanten eine große Sitzung aller höheren Verwaltungsbeamten statt. Der Kommandant hat es natürlich verstanden, aus solchen Sitzungen eine Schaustellung zu machen. Es wurde eine Galerie gebaut, die mit

Zuschauern immer besetzt ist. Ich bin gezwungen an den Beratungen teilzunehmen, aber der Widerwille schüttelt mich. Nun werden Sie gewiss auf jeden Fall zu der Sitzung eingeladen werden; wenn Sie sich heute meinem Plane gemäß verhalten, wird die Einladung zu einer dringenden Bitte werden. Sollten Sie aber aus irgendeinem unerfindlichen Grunde doch nicht eingeladen werden, so müssten Sie allerdings die Einladung verlangen; dass Sie sie dann erhalten, ist zweifellos. Nun sitzen Sie also morgen mit den Damen in der Loge des Kommandanten. Er versichert sich öfters durch Blicke nach oben, dass Sie da sind. Nach verschiedenen gleichgültigen, lächerlichen, nur für die Zuhörer berechneten Verhandlungsgegenständen – meistens sind es Hafenbauten, immer wieder Hafenbauten! – kommt auch das Gerichtsverfahren zur Sprache. Sollte es vonseiten des Kommandanten nicht oder nicht bald genug geschehen, so werde ich dafür sorgen, dass es geschieht. Ich werde aufstehen und die Meldung von der heutigen Exekution erstatten. Ganz kurz, nur diese Meldung. Eine solche Meldung ist zwar dort nicht üblich, aber ich tue es doch. Der Kommandant dankt mir, wie immer, mit freundlichem Lächeln und nun, er kann sich nicht zurückhalten, erfasst er die gute Gelegenheit. ›Es wurde eben‹, so oder ähnlich wird er sprechen, ›die Meldung von der Exekution erstattet. Ich möchte dieser Meldung nur hinzufügen, dass gerade dieser Exekution der große Forscher beigewohnt hat, von dessen unsere Kolonie so außerordentlich ehrendem Besuch Sie alle wissen. Auch unsere heutige Sitzung ist durch seine Anwesenheit in ihrer Bedeutung erhöht. Wollen wir nun nicht an diesen großem Forscher die Frage richten, wie er die Exekution nach altem Brauch und das Verfahren, das ihr vorhergeht, beurteilt?‹ Natürlich überall Beifallklatschen, allgemeine Zustimmung, ich bin der Lauteste. Der Kommandant verbeugt sich vor Ihnen und sagt: ›Dann stelle ich im Namen aller die Frage.‹ Und nun treten Sie an die Brüstung. Legen Sie die Hände für alle sichtbar hin, sonst fassen sie die Damen und spielen mit den Fingern. – Und jetzt kommt endlich Ihr Wort. Ich weiß nicht, wie ich die Spannung der Stunden bis dahin ertragen werde. In Ihrer Rede müssen Sie sich keine Schranken setzen, machen Sie mit der Wahrheit Lärm, beugen Sie sich über die Brüstung, brüllen Sie, aber ja, brüllen Sie dem Kommandanten Ihre Meinung, Ihre unerschütterliche Meinung zu. Aber vielleicht wollen Sie das nicht, es entspricht nicht Ihrem Charakter, in Ihrer Heimat verhält man sich vielleicht in solchen Lagen anders, auch das ist richtig, auch das genügt vollkommen, stehen Sie gar nicht auf, sagen Sie nur ein paar Worte, flüstern Sie sie, dass sie gerade noch die Beamten unter Ihnen hören, es genügt, Sie müssen gar nicht selbst von der mangelnden Teilnahme an der Exekution, von dem kreischenden Rad, dem zerrissenen Riemen, dem widerlichen Filz reden, nein, alles Weitere übernehme ich, und glauben Sie, wenn meine Rede ihn nicht aus dem Saale jagt, so wird sie ihn auf die Knie zwingen, dass er bekennen muss: Alter Kommandant, vor dir beuge ich mich. – Das ist mein Plan; wollen Sie mir zu seiner Ausführung helfen? Aber natürlich wollen Sie, mehr als das, Sie müssen.« Und der Offizier fasste den Reisenden an beiden Armen und sah ihm schwer atmend ins Gesicht. Die letzten Sätze hatte er so geschrien, dass selbst der Soldat und der Verurteilte aufmerksam geworden waren; trotzdem sie nichts verstehen konnten, hielten sie doch im Essen inne und sahen kauend zum Reisenden hinüber.

Die Antwort, die er zu geben hatte, war für den Reisenden von allem Anfang an zweifellos; er hatte in seinem Leben zu viel erfahren, als dass er hier hätte schwanken können; er war im Grunde ehrlich und hatte keine Furcht. Trotzdem zögerte er jetzt im Anblick des Soldaten und des Verurteilten einen Atemzug lang. Schließlich aber sagte er, wie er musste: »Nein.« Der Offizier blinzelte mehrmals mit den Augen, ließ aber keinen Blick von ihm. »Wollen Sie eine Erklärung?« fragte der Reisende. Der Offizier nickte stumm. »Ich bin ein Gegner dieses Verfahrens«, sagte nun der Reisende, »noch ehe Sie mich ins Vertrauen zogen – dieses Vertrauen werde ich natürlich unter keinen Umständen missbrauchen – habe ich schon überlegt, ob ich berechtigt wäre, gegen dieses Verfahren einzuschreiten und ob mein Einschreiten auch nur eine kleine Aussicht auf Erfolg haben könnte. An wen ich mich dabei zuerst wenden müsste, war mir klar: an den Kommandanten natürlich. Sie haben es mir noch klarer gemacht, ohne aber etwa meinen Entschluss erst befestigt zu haben, im Gegenteil, Ihre ehrliche Überzeugung geht mir nahe, wenn sie mich auch nicht beirren kann.«

Der Offizier blieb stumm, wendete sich der Maschine zu, fasste eine der Messingstangen und sah dann, ein wenig zurückgebeugt, zum Zeichner hinauf, als prüfe er, ob alles in Ordnung sei. Der Soldat und der Verurteilte schienen sich miteinander befreundet zu haben; der Verurteilte machte, so schwierig dies bei der festen Einschnallung durchzuführen war, dem Soldaten Zeichen; der Soldat beugte sich zu ihm; der Verurteilte flüsterte ihm etwas zu, und der Soldat nickte.

Der Reisende ging dem Offizier nach und sagte: »Sie wissen noch nicht, was ich tun will. Ich werde meine Ansicht über das Verfahren dem Kommandanten zwar sagen, aber nicht in einer Sitzung, sondern unter vier Augen; ich werde auch nicht so lange hier bleiben, dass ich irgendeiner Sitzung beigezogen werden könnte; ich fahre schon morgen früh weg oder schiffe mich wenigstens ein.«

Es sah nicht aus, als ob der Offizier zugehört hätte. »Das Verfahren hat Sie also nicht überzeugt«, sagte er für sich und lächelte, wie ein Alter über den Unsinn eines Kindes lächelt und hinter dem Lächeln sein eigenes wirkliches Nachdenken behält.

»Dann ist es also Zeit«, sagte er schließlich und blickte plötzlich mit hellen Augen, die irgendeine Aufforderung, irgendeinen Aufruf zur Beteiligung enthielten, den Reisenden an.

»Wozu ist es Zeit?«, fragte der Reisende unruhig, bekam aber keine Antwort.

»Du bist frei«, sagte der Offizier zum Verurteilten in dessen Sprache. Dieser glaubte es zuerst nicht. »Nun, frei bist du«, sagte der Offizier. Zum ersten Mal bekam das Gesicht des Verurteilten wirkliches Leben. War es Wahrheit? War es nur eine Laune des Offiziers, die vorübergehen konnte? Hatte der fremde Reisende ihm Gnade erwirkt? Was war es? So schien sein Gesicht zu fragen. Aber nicht lange. Was immer es sein mochte, er wollte, wenn er durfte, wirklich frei sein und er begann sich zu rütteln, soweit es die Egge erlaubte.

»Du zerreißt mir die Riemen«, schrie der Offizier, »sei ruhig! Wir öffnen sie schon.« Und er machte sich mit dem Soldaten, dem er ein Zeichen gab, an die Arbeit. Der Verurteilte lachte ohne Worte leise vor sich hin, bald wendete er das Gesicht links zum Offizier, bald rechts zum Soldaten, auch den Reisenden vergaß er nicht.

»Zieh ihn heraus«, befahl der Offizier dem Soldaten. Es musste hiebei wegen der Egge einige Vorsicht angewendet werden. Der

Verurteilte hatte schon infolge seiner Ungeduld einige kleine Risswunden auf dem Rücken.
Von jetzt ab kümmerte sich aber der Offizier kaum mehr um ihn. Er ging auf den Reisenden zu, zog wieder die kleine Ledermappe hervor, blätterte in ihr, fand schließlich das Blatt, das er suchte, und zeigte es dem Reisenden. »Lesen Sie«, sagte er. »Ich kann nicht«, sagte der Reisende, »ich sagte schon, ich kann diese Blätter nicht lesen.« »Sehen Sie das Blatt doch genau an«, sagte der Offizier und trat neben den Reisenden, um mit ihm zu lesen. Als auch das nichts half, fuhr er mit dem kleinen Finger in großer Höhe, als dürfe das Blatt auf keinen Fall berührt werden, über das Papier hin, um auf diese Weise dem Reisenden das Lesen zu erleichtern. Der Reisende gab sich auch Mühe, um wenigstens darin dem Offizier gefällig sein zu können, aber es war ihm unmöglich. Nun begann der Offizier die Aufschrift zu buchstabieren und dann las er sie noch einmal im Zusammenhang. »›Sei gerecht!‹ – heißt es«, sagte er, »jetzt können Sie es doch lesen.« Der Reisende beugte sich so tief über das Papier, dass der Offizier aus Angst vor einer Berührung es weiter entfernte; nun sagte der Reisende zwar nichts mehr, aber es war klar, dass er es noch immer nicht hatte lesen können. »›Sei gerecht!‹ – heißt es«, sagte der Offizier nochmals. »Mag sein«, sagte der Reisende, »ich glaube es, dass es dort steht.« »Nun gut«, sagte der Offizier, wenigstens teilweise befriedigt, und stieg mit dem Blatt auf die Leiter; er bettete das Blatt mit großer Vorsicht im Zeichner und ordnete das Räderwerk scheinbar gänzlich um; es war eine sehr mühselige Arbeit, es musste sich auch um ganz kleine Räder handeln, manchmal verschwand der Kopf des Offiziers völlig im Zeichner, so genau musste er das Räderwerk untersuchen.
Der Reisende verfolgte von unten diese Arbeit ununterbrochen, der Hals wurde ihm steif, und die Augen schmerzten ihn von dem mit Sonnenlicht überschütteten Himmel. Der Soldat und der Verurteilte waren nur miteinander beschäftigt. Das Hemd und die Hose des Verurteilten, die schon in der Grube lagen, wurden vom Soldaten mit der Bajonettspitze herausgezogen. Das Hemd war entsetzlich schmutzig, und der Verurteilte wusch es in dem Waschkübel. Als er dann Hemd und Hose anzog, musste der Soldat wie der Verurteilte lachen, denn die Kleidungsstücke waren doch hinten entzwei-

geschnitten. Vielleicht glaubte der Verurteilte verpflichtet zu sein, den Soldaten zu unterhalten, er drehte sich in der zerschnittenen Kleidung im Kreise vor dem Soldaten, der auf dem Boden hockte und lachend auf seine Knie schlug. Immerhin bezwangen sie sich noch mit Rücksicht auf die Anwesenheit der Herren.

Als der Offizier oben endlich fertig geworden war, überblickte er noch einmal lächelnd das Ganze in allen seinen Teilen, schlug diesmal den Deckel des Zeichners zu, der bisher offen gewesen war, stieg hinunter, sah in die Grube und dann auf den Verurteilten, merkte befriedigt, dass dieser seine Kleidung herausgenommen hatte, ging dann zu dem Wasserkübel, um die Hände zu waschen, erkannte zu spät den widerlichen Schmutz, war traurig darüber, dass er nun die Hände nicht waschen konnte, tauchte sie schließlich – dieser Ersatz genügte ihm nicht, aber er musste sich fügen – in den Sand, stand dann auf und begann seinen Uniformrock aufzuknöpfen. Hiebei fielen ihm zunächst die zwei Damentaschentücher, die er hinter den Kragen gezwängt hatte, in die Hände. »Hier hast du deine Taschentücher«, sagte er und warf sie dem Verurteilten zu. Und zum Reisenden sagte er erklärend: »Geschenke der Damen.«

Trotz der offenbaren Eile, mit der er den Uniformrock auszog und sich dann vollständig entkleidete, behandelte er doch jedes Kleidungsstück sehr sorgfältig, über die Silberschnüre an seinem Waffenrock strich er sogar eigens mit den Fingern hin und schüttelte eine Troddel zurecht. Wenig passte es allerdings zu dieser Sorgfalt, dass er, sobald er mit der Behandlung eines Stückes fertig war, es dann sofort mit einem unwilligen Ruck in die Grube warf. Das Letzte, was ihm übrig blieb, war sein kurzer Degen mit dem Tragriemen. Er zog den Degen aus der Scheide, zerbrach ihn, fasste dann alles zusammen, die Degenstücke, die Scheide und den Riemen und warf es so heftig weg, dass es unten in der Grube aneinanderklang.

Nun stand er nackt da. Der Reisende biss sich auf die Lippen und sagte nichts. Er wusste zwar, was geschehen würde, aber er hatte kein Recht, den Offizier an irgendetwas zu hindern. War das Gerichtsverfahren, an dem der Offizier hing, wirklich so nahe daran behoben zu werden – möglicherweise infolge des Einschreitens des Reisenden, zu dem sich dieser seinerseits verpflichtet fühlte – dann handelte jetzt der Offizier vollständig richtig; der Reisende hätte an seiner Stelle nicht anders gehandelt.

Der Soldat und der Verurteilte verstanden zuerst nicht, sie sahen anfangs nicht einmal zu. Der Verurteilte war sehr erfreut darüber, die Taschentücher zurückerhalten zu haben, aber er durfte sich nicht lange an ihnen freuen, denn der Soldat nahm sie ihm mit einem raschen, nicht vorherzusehenden Griff. Nun versuchte wieder der Verurteilte dem Soldaten die Tücher hinter dem Gürtel, hinter dem er sie verwahrt hatte, hervorzuziehen, aber der Soldat war wachsam. So stritten sie in halbem Scherz. Erst als der Offizier vollständig nackt war, wurden sie aufmerksam. Besonders der Verurteilte schien von der Ahnung irgendeines großen Umschwungs getroffen zu sein. Was ihm geschehen war, geschah nun dem Offizier. Vielleicht würde es so bis zum Äußersten gehen. Wahrscheinlich hatte der fremde Reisende den Befehl dazu gegeben. Das war also Rache. Ohne selbst bis zum Ende gelitten zu haben, wurde er doch bis zum Ende gerächt. Ein breites, lautloses Lachen erschien nun auf seinem Gesicht und verschwand nicht mehr.

Der Offizier aber hatte sich der Maschine zugewendet. Wenn es schon früher deutlich gewesen war, dass er die Maschine gut verstand, so konnte es jetzt einen fast bestürzt machen, wie er mit ihr umging und sie ihm gehorchte. Er hatte die Hand der Egge nur genähert, und sie hob und senkte sich mehrmals, bis sie die richtige Lage erreicht hatte um ihn zu empfangen; er fasste das Bett nur am Rande, und es fing schon zu zittern an; der Filzstumpf kam seinem Mund entgegen, man sah, wie der Offizier ihn eigentlich nicht haben wollte, aber das Zögern dauerte nur einen Augenblick, gleich fügte er sich und nahm ihn auf. Alles war bereit, nur die Riemen hingen noch an den Seiten hinunter, aber sie waren offenbar unnötig, der Offizier musste nicht angeschnallt sein. Da bemerkte der Verurteilte die losen Riemen, seiner Meinung nach war die Exekution nicht vollkommen, wenn die Riemen nicht festgeschnallt waren, er winkte eifrig dem Soldaten, und sie liefen hin, den Offizier anzuschnallen. Dieser hatte schon den einen Fuß ausgestreckt, um in die Kurbel zu stoßen, die den Zeichner in Gang bringen sollte; da sah er, dass die zwei gekommen waren; er zog daher den Fuß zurück und ließ sich anschnallen. Nun konnte er allerdings die Kurbel nicht mehr erreichen; weder der Soldat noch der Ver-

urteilte würden sie auffinden, und der Reisende war entschlossen, sich nicht zu rühren. Es war nicht nötig; kaum waren die Riemen angebracht, fing auch schon die Maschine zu arbeiten an; das Bett zitterte, die Nadeln tanzten auf der Haut, die Egge schwebte auf und ab. Der Reisende hatte schon eine Weile hingestarrt, ehe er sich erinnerte, dass ein Rad im Zeichner hätte kreischen sollen; aber alles war still, nicht das geringste Surren war zu hören.
Durch diese stille Arbeit entschwand die Maschine förmlich der Aufmerksamkeit. Der Reisende sah zu dem Soldaten und dem Verurteilten hinüber. Der Verurteilte war der Lebhaftere, alles an der Maschine interessierte ihn, bald beugte er sich nieder, bald streckte er sich, immerfort hatte er den Zeigefinger ausgestreckt, um dem Soldaten etwas zu zeigen. Dem Reisenden war es peinlich. Er war entschlossen, hier bis zum Ende zu bleiben, aber den Anblick der zwei hätte er nicht lange ertragen. »Geht nach Hause«, sagte er. Der Soldat wäre dazu vielleicht bereit gewesen, aber der Verurteilte empfand den Befehl geradezu als Strafe. Er bat flehentlich mit gefalteten Händen ihn hier zu lassen, und als der Reisende kopfschüttelnd nicht nachgeben wollte, kniete er sogar nieder. Der Reisende sah, dass Befehle hier nichts halfen, er wollte hinüber und die zwei vertreiben. Da hörte er oben im Zeichner ein Geräusch. Er sah hinauf. Störte also das eine Zahnrad doch? Aber es war etwas anderes. Langsam hob sich der Deckel des Zeichners und klappte dann vollständig auf. Die Zacken eines Zahnrades zeigten und hoben sich, bald erschien das ganze Rad, es war, als presse irgendeine große Macht den Zeichner zusammen, sodass für dieses Rad kein Platz mehr übrig blieb, das Rad drehte sich bis zum Rand des Zeichners, fiel hinunter, kollerte aufrecht ein Stück im Sand und blieb dann liegen. Aber schon stieg oben ein anderes auf, ihm folgten viele, große, kleine und kaum zu unterscheidende, mit allen geschah dasselbe, immer glaubte man, nun müsse der Zeichner jedenfalls schon entleert sein, da erschein eine neue, besonders zahlreiche Gruppe, stieg auf, fiel hinunter, kollerte im Sand und legte sich. Über diesem Vorgang vergaß der Verurteilte ganz den Befehl des Reisenden, die Zahnräder entzückten ihn völlig, er wollte immer eines fassen, trieb gleichzeitig den Soldaten an, ihm zu helfen, zog aber erschreckt die Hand zurück, denn es folgte gleich ein anderes Rad, das ihn, wenigstens im ersten Anrollen, erschreckte.

Der Reisende dagegen war sehr beunruhigt; die Maschine ging offenbar in Trümmer; ihr ruhiger Gang war eine Täuschung; er hatte das Gefühl, als müsse er sich jetzt des Offiziers annehmen, da dieser nicht mehr für sich selbst sorgen konnte. Aber während der Fall der Zahnräder seine ganze Aufmerksamkeit beanspruchte, hatte er versäumt, die übrige Maschine zu beaufsichtigen; als er jedoch jetzt, nachdem das letzte Zahnrad den Zeichner verlassen hatte, sich über die Egge beugte, hatte er eine neue, noch ärgere Überraschung. Die Egge schrieb nicht, sie stach nur, und das Bett wälzte den Körper nicht, sondern hob ihn nur zitternd in die Nadeln hinein. Der Reisende wollte eingreifen, möglicherweise das Ganze zum Stehen bringen, das war ja keine Folter, wie sie der Offizier erreichen wollte, das war unmittelbarer Mord. Er streckte die Hände aus. Da hob sich aber schon die Egge mit dem aufgespießten Körper zur Seite, wie sie es sonst erst in der zwölften Stunde tat. Das Blut floss in hundert Strömen, nicht mit Wasser vermischt, auch die Wasserröhrchen hatten diesmal versagt. Und nun versagte noch das Letzte, der Körper löste sich von den langen Nadeln nicht, strömte sein Blut aus, hing aber über der Grube ohne zu fallen. Die Egge wollte schon in ihre alte Lage zurückkehren, aber als merke sie selbst, dass sie von ihrer Last noch nicht befreit sei, blieb sie doch über der Grube. »Helft doch!« schrie der Reisende zum Soldaten und zum Verurteilten hinüber und fasste selbst die Füße des Offiziers. Er wollte sich hier gegen die Füße drücken, die zwei sollten auf der anderen Seite den Kopf des Offiziers fassen, und so sollte er langsam von den Nadeln gehoben werden. Aber nun konnten sich die zwei nicht entschließen zu kommen; der Verurteilte drehte sich geradezu um; der Reisende musste zu ihnen hinübergehen und sie mit Gewalt zu dem Kopf des Offiziers drängen. Hiebei sah er fast gegen Willen das Gesicht der Leiche. Es war, wie es im Leben gewesen war; kein Zeichen der versprochenen Erlösung war zu entdecken; was alle anderen in der Maschine gefunden hatten, der Offizier fand es nicht; die Lippen waren fest zusammengedrückt, die Augen waren offen, hatten den Ausdruck des Lebens, der Blick war ruhig und überzeugt, durch die Stirn ging die Spitze des großen eisernen Stachels.

* * *

Als der Reisende, mit dem Soldaten und dem Verurteilten hinter sich, zu den ersten Häusern der Kolonie kam, zeigte der Soldat auf eines und sagte: »Hier ist das Teehaus.«

Im Erdgeschoss eines Hauses war ein tiefer, niedriger, höhlenartiger, an den Wänden und an der Decke verräucherter Raum. Gegen die Straße zu war er in seiner ganzen Breite offen. Trotzdem sich das Teehaus von den übrigen Häusern der Kolonie, die bis auf die Palastbauten der Kommandantur alle sehr verkommen waren, wenig unterschied, übte es auf den Reisenden doch den Eindruck einer historischen Erinnerung aus und er fühlte die Macht der früheren Zeiten. Er trat näher heran, ging, gefolgt von seinen Begleitern, zwischen den unbesetzten Tischen hindurch, die vor dem Teehaus auf der Straße standen, und atmete die kühle, dumpfige Luft ein, die aus dem Innern kam. »Der Alte ist hier begraben«, sagte der Soldat, »ein Platz auf dem Friedhof ist ihm vom Geistlichen verweigert worden. Man war eine Zeit lang unentschlossen, wo man ihn begraben sollte, schließlich hat man ihn hier begraben. Davon hat Ihnen der Offizier gewiss nichts erzählt, denn dessen hat er sich natürlich am meisten geschämt. Er hat sogar einige Mal in der Nacht versucht, den Alten auszugraben, er ist aber immer verjagt worden.« »Wo ist das Grab?« fragte der Reisende, der dem Soldaten nicht glauben konnte. Gleich liefen beide, der Soldat wie der Verurteilte, vor ihm her und zeigten mit ausgestreckten Händen dorthin, wo sich das Grab befinden sollte. Sie führten den Reisenden bis zur Rückwand, wo an einigen Tischen Gäste saßen. Es waren wahrscheinlich Hafenarbeiter, starke Männer mit kurzen, glänzend schwarzen Vollbärten. Alle waren ohne Rock, ihre Hemden waren zerrissen, es war armes, gedemütigtes Volk. Als sich der Reisende näherte, erhoben sich einige, drückten sich an die Wand und sahen ihm entgegen. »Es ist ein Fremder«, flüsterte es um den Reisenden herum, »er will das Grab ansehen.« Sie schoben einen der Tische beiseite, unter dem sich wirklich ein Grabstein befand. Es war ein einfacher Stein, niedrig genug, um unter einem Tisch verborgen werden zu können. Er trug eine Aufschrift mit sehr kleinen Buchstaben, der Reisende musste, um sie zu lesen, niederknien. Sie lautete: »Hier ruht der alte Kommandant. Seine Anhänger, die jetzt keinen Namen tragen dürfen, haben ihm das Grab gegraben und den Stein gesetzt. Es besteht eine Prophezeiung, dass der Kommandant nach einer bestimmten Anzahl von Jahren auferstehen und aus diesem Hause seine Anhänger zur Wiedereroberung der Kolonie führen wird. Glaubet und wartet!« Als der Reisende das gelesen hatte und sich erhob, sah er rings um sich die Männer stehen und lächeln, als hätten sie mit ihm die Aufschrift gelesen, sie lächerlich gefunden und forderten ihn auf, sich ihrer Meinung anzuschließen. Der Reisende tat, als merkte er das nicht, verteilte einige Münzen unter sie, wartete noch, bis der Tisch über das Grab geschoben war, verließ das Teehaus und ging zum Hafen.

Der Soldat und der Verurteilte hatten im Teehaus Bekannte gefunden, die sie zurückhielten. Sie mussten sich aber bald von ihnen losgerissen haben, denn der Reisende befand sich erst in der Mitte der langen Treppe, die zu den Booten führte, als sie ihm schon nachliefen. Sie wollten wahrscheinlich den Reisenden im letzten Augenblick zwingen, sie mitzunehmen. Während der Reisende unten mit einem Schiffer wegen der Überfahrt zum Dampfer unterhandelte, rasten die zwei die Treppe hinab, schweigend, denn zu schreien wagten sie nicht. Aber als sie unten ankamen, war der Reisende schon im Boot, und der Schiffer löste es gerade vom Ufer. Sie hätten noch ins Boot springen können, aber der Reisende hob ein schweres geknotetes Tau vom Boden, drohte ihnen damit und hielt sie dadurch von dem Sprunge ab.

(1914)

»Der Messias wird erst nach seiner Ankunft kommen ...«

Vor dem Gesetz

Vor dem Gesetz steht ein Türhüter. Zu diesem Türhüter kommt ein Mann vom Lande und bittet um Eintritt in das Gesetz. Aber der Türhüter sagt, dass er ihm jetzt den Eintritt nicht gewähren könne. Der Mann überlegt und fragt dann, ob er also später werde eintreten dürfen. »Es ist möglich«, sagt der Türhüter, »jetzt aber nicht.« Da das Tor zum Gesetz offen steht wie immer und der Türhüter beiseite tritt, bückt sich der Mann, um durch das Tor in das Innere zu sehn. Als der Türhüter das merkt, lacht er und sagt: »Wenn es dich so lockt, versuche es doch, trotz meines Verbotes hineinzugehn. Merke aber: Ich bin mächtig. Und ich bin nur der unterste Türhüter. Von Saal zu Saal stehn aber Türhüter, einer mächtiger als der andere. Schon den Anblick des dritten kann nicht einmal ich mehr ertragen.« Solche Schwierigkeiten hat der Mann vom Lande nicht erwartet; das Gesetz soll doch jedem und immer zugänglich sein, denkt er, aber als er jetzt den Türhüter in seinem Pelzmantel genauer ansieht, seine große Spitznase, den langen, dünnen, schwarzen tatarischen[1] Bart, entschließt er sich, doch lieber zu warten, bis er die Erlaubnis zum Eintritt bekommt. Der Türhüter gibt ihm einen Schemel und lässt ihn seitwärts von der Tür sich niedersetzen. Dort sitzt er Tage und Jahre. Er macht viele Versuche, eingelassen zu werden, und ermüdet den Türhüter durch seine Bitten. Der Türhüter stellt öfters kleine Verhöre mit ihm an, fragt ihn über seine Heimat aus und nach vielem andern, es sind aber teilnahmslose Fragen, wie sie große Herren stellen, und zum Schlusse sagt er ihm immer wieder, dass er ihn noch nicht einlassen könne. Der Mann, der sich für seine Reise mit vielem ausgerüstet hat, verwendet alles, und sei es noch so wertvoll, um den Türhüter zu bestechen. Dieser nimmt zwar alles an, aber sagt dabei: »Ich nehme es nur an, damit du nicht glaubst, etwas versäumt zu haben.« Während der vielen Jahre beobachtet der Mann den Türhüter fast ununterbrochen. Er vergisst die andern Türhüter, und

1 Tataren: östlicher Volksstamm mit dem Ruf des Kriegerischen

dieser erste scheint ihm das einzige Hindernis für den Eintritt in das Gesetz. Er verflucht den unglücklichen Zufall, in den ersten Jahren rücksichtslos und laut, später, als er alt wird, brummt er nur noch vor sich hin. Er wird kindisch, und, da er in dem jahrelangen Studium des Türhüters auch die Flöhe in seinem Pelzkragen erkannt hat, bittet er auch die Flöhe, ihm zu helfen und den Türhüter umzustimmen. Schließlich wird sein Augenlicht schwach, und er weiß nicht, ob es um ihn wirklich dunkler wird, oder ob ihn nur seine Augen täuschen. Wohl aber erkennt er jetzt im Dunkel einen Glanz, der unverlöschlich aus der Türe des Gesetzes bricht. Nun lebt er nicht mehr lange. Vor seinem Tode sammeln sich in seinem Kopfe alle Erfahrungen der ganzen Zeit zu einer Frage, die er bisher an den Türhüter noch nicht gestellt hat. Er winkt ihm zu, da er seinen erstarrenden Körper nicht mehr aufrichten kann. Der Türhüter muss sich tief zu ihm hinunterneigen, denn der Größenunterschied hat sich sehr zuungunsten des Mannes verändert. »Was willst du denn jetzt noch wissen?« fragt der Türhüter, »du bist unersättlich.« »Alle streben doch nach dem Gesetz«, sagt der Mann, »wieso kommt es, dass in den vielen Jahren niemand außer mir Einlass verlangt hat?« Der Türhüter erkennt, dass der Mann schon an seinem Ende ist, und, um sein vergehendes Gehör noch zu erreichen, brüllt er ihn an: »Hier konnte niemand sonst Einlass erhalten, denn dieser Eingang war nur für dich bestimmt. Ich gehe jetzt und schließe ihn.«
(1914)

Eine kaiserliche Botschaft

Der Kaiser – so heißt es – hat Dir, dem Einzelnen, dem jämmerlichen Untertanen, dem winzig vor der kaiserlichen Sonne in die fernste Ferne geflüchteten Schatten, gerade Dir hat der Kaiser von seinem Sterbebett aus eine Botschaft gesendet. Den Boten hat er beim Bett niederknien lassen und ihm die Botschaft ins Ohr zugeflüstert; so sehr war ihm an ihr gelegen, dass er sich sie noch ins Ohr wiedersagen ließ. Durch Kopfnicken hat er die Richtigkeit des Gesagten bestätigt. Und vor der ganzen Zuschauerschaft seines Todes – alle hindernden Wände werden niedergebrochen und auf den weit und hoch sich schwingenden Freitreppen stehen im Ring die Großen des Reichs – vor allen diesen hat er den Boten abgefertigt. Der Bote hat sich gleich auf den Weg gemacht; ein kräftiger, ein unermüdlicher Mann; einmal diesen, einmal den andern Arm vorstreckend schafft er sich Bahn durch die Menge; findet er Widerstand, zeigt er auf die Brust, wo das Zeichen der Sonne ist; er kommt auch leicht vorwärts, wie kein anderer. Aber die Menge ist so groß; ihre Wohnstätten nehmen kein Ende. Öffnete sich freies Feld, wie würde er fliegen und bald wohl hörtest Du das herrliche Schlagen seiner Fäuste an Deiner Tür. Aber stattdessen, wie nutzlos müht er sich ab; immer noch zwängt er sich durch die Gemächer des innersten Palastes; niemals wird er sie überwinden; und gelänge ihm dies, nichts wäre gewonnen; die Treppen hinab müsste er sich kämpfen; und gelänge ihm dies, nichts wäre gewonnen; die Höfe wären zu durchmessen; und nach den Höfen der zweite umschließende Palast; und wieder Treppen und Höfe; und wieder ein Palast; und so weiter durch Jahrtausende; und stürzte er endlich aus dem äußersten Tor – aber niemals, niemals kann es geschehen – liegt erst die Residenzstadt vor ihm, die Mitte der Welt, hochgeschüttet voll ihres Bodensatzes. Niemand dringt hier durch und gar mit der Botschaft eines Toten. – Du aber sitzt an Deinem Fenster und erträumst sie Dir, wenn der Abend kommt.

(1916/17)

»Findest Du nichts auf den Gängen, öffne die Türen …«

Der Aufbruch

Ich befahl mein Pferd aus dem Stall zu holen. Der Diener verstand mich nicht. Ich ging selbst in den Stall, sattelte mein Pferd und bestieg es. In der Ferne hörte ich eine Trompete blasen, ich fragte ihn, was das bedeute. Er wusste nichts und hatte nichts gehört. Beim Tore hielt er mich auf und fragte: »Wohin reitest du, Herr?« »Ich weiß es nicht«, sagte ich, »nur weg von hier, nur weg von hier. Immerfort weg von hier, nur so kann ich mein Ziel erreichen.« »Du kennst also dein Ziel?« fragte er. »Ja«, antwortete ich, »ich sagte es doch, ›Weg-von-hier‹, das ist mein Ziel.« »Du hast keinen Essvorrat mit«, sagte er. »Ich brauche keinen«, sagte ich, »die Reise ist so lang, dass ich verhungern muss, wenn ich auf dem Weg nichts bekomme. Kein Essvorrat kann mich retten. Es ist ja zum Glück eine wahrhaft ungeheuere Reise.«
(1922)

Materialien

I Zugänge

1 Franz Kafka: Mit einem Fußtritt aus der Welt geworfen

Tagebucheintrag vom 21. 11. 1911

Mein gewesenes Kinderfräulein, die im Gesicht schwarzgelbe, mit kantigem Nasenrand und einer mir damals so lieben Warze irgendwo auf der Wange war heute zum zweiten Mal in kurzer Zeit bei uns um mich zu sehn. Das erste Mal war ich nicht zu Hause, diesmal wollte ich in Ruh gelassen sein und schlafen und ließ mich verleugnen. Warum hat sie mich so schlecht erzogen, ich war doch folgsam, sie sagt es jetzt selbst im Vorzimmer zur Köchin und zum Fräulein, ich war von ruhiger Gemütsart und brav. Warum hat sie das nicht für mich ausgenützt und mir eine bessere Zukunft vorbereitet. Sie ist eine Ehefrau oder Witwe, hat Kinder, hat eine lebhafte Sprache, die mich nicht schlafen lässt, denkt, dass ich ein großer, gesunder Herr im schönen Alter von 28 Jahren bin, gern an meine Jugend zurückdenke und überhaupt etwas mit mir anzufangen weiß. Nun liege ich aber hier auf dem Kanapee[1], mit einem Fußtritt aus der Welt geworfen, passe auf den Schlaf auf der nicht kommen will und wenn er kommt mich nur streifen wird, die Gelenke habe ich wund vor Müdigkeit, mein dürrer Körper zittert sich zugrunde in Aufregungen, derer er sich nicht klar bewusst werden darf, im Kopf zuckt es zum Erstaunen. Und da stehen die drei Frauen vor meiner Tür, eine lobt mich wie ich war, zwei wie ich bin. Die Köchin sagt, ich werde gleich, sie meint ohne jeden Umweg in den Himmel kommen. So wird es sein.

1 Sofa

Franz Kafka, ca. 1906

2 Milena Jesenská: Ein Nackter unter Angekleideten

Brief an Max Brod vom August 1920

Für ihn ist das Leben etwas gänzlich anderes als für alle andern Menschen, vor allem sind für ihn das Geld, die Börse, die Devisenzentrale, eine Schreibmaschine völlig mystische Dinge (und sie sind es ja in der Tat, nur für uns andere nicht), sie sind für ihn die seltsamsten Rätsel, zu denen er durchaus nicht so steht wie wir –. (...)

Aber Frank[1] kann nicht leben. Frank hat nicht die Fähigkeit zu leben. Frank wird nie gesund werden. Frank wird bald sterben. Gewiss steht die Sache so, dass wir alle dem Augenschein nach fähig sind zu leben, weil wir irgendeinmal zur Lüge geflohen sind, zur Blindheit, zur Begeisterung, zum Optimismus, zu einer Überzeugung, zum Pessimismus oder zu sonst etwas. Aber er ist nie in ein schützendes Asyl geflohen, in keines. Er ist absolut unfähig zu lügen, so wie er unfähig ist, sich zu betrinken. Er ist ohne die geringste Zuflucht, ohne Obdach. Darum ist er allem ausgesetzt, wovor wir geschützt sind. Er ist wie ein Nackter unter Angekleideten. Es ist das alles nicht einmal Wahrheit, was er sagt, was er ist und lebt. Es ist solch ein determiniertes[2] Sein an und für sich, von allen Zutaten entledigt, die ihm helfen könnten, das Leben zu verzeichnen – in Schönheit oder in Elend, einerlei. Und seine Askese[3] ist durchaus unheroisch – hierdurch allerdings umso größer und höher. Jeder ‚Heroismus' ist Lüge und Feigheit. Das ist kein Mensch, der sich seine Askese als Mittel zu einem Ziel konstruiert, das ist ein Mensch, der durch seine schreckliche Hellsicht, Reinheit und Unfähigkeit zum Kompromiss zur Askese gezwungen ist. Es gibt sehr gescheite Menschen, die auch keine Kompromisse machen wollen. Aber sie legen Wunderbrillen an, mit denen sie alles anders sehen. Darum brauchen sie keine Kompromisse. Dann können sie rasch Maschine schreiben und Weiber haben. Er steht neben ihnen und schaut sie verwundert an, alles, auch diese Schreibmaschine und diese Weiber. Nie wird er es begreifen. Seine Bücher sind erstaunlich. Er selbst ist viel erstaunlicher.

1 Milena nennt Franz Kafka gelegentlich Frank.
2 festgelegtes, vorherbestimmtes
3 enthaltsame und entsagende Lebensweise

Michael Matthias Prechtl (1926–2003): Kafka arcimboldesk, 1977. Aquarellzeichnung

II Autor und Werk

1 Franz Kafka: Nur die Nächte mit Schreiben durchrasen

Kafka in einem Brief an Oskar Pollak vom 9. 11. 1903
Gott will nicht, dass ich schreibe, ich aber, ich muss.

Kafka in einem Brief an Felice Bauer vom 14. 8. 1913
Nicht einmal das „künstlerische Interesse" ist wahr, es ist sogar die falscheste Aussage unter allen Falschheiten. Ich habe kein literarisches Interesse, sondern bestehe aus Literatur, ich bin nichts anderes und kann nichts anderes sein.

Kafka in einem Brief an Felice Bauer vom 13. 7. 1913
Nur die Nächte mit Schreiben durchrasen, das will ich. Und daran zugrunde gehn oder irrsinnig werden, das will ich auch, weil es die notwendige längst vorausgefühlte Folge dessen ist.

Tagebucheintrag vom 6. 8. 1914
Von der Literatur aus gesehen ist mein Schicksal sehr einfach. Der Sinn für die Darstellung meines traumhaften innern Lebens hat alles andere ins Nebensächliche gerückt und es ist in einer schrecklichen Weise verkümmert und hört nicht auf zu verkümmern. Nichts anderes kann mich jemals zufrieden stellen.

Kafka in einem Brief an Max Brod vom Juni 1921
Weg vom Judentum, meist mit unklarer Zustimmung der Väter (diese Unklarheit war das Empörende), wollten die meisten, die deutsch zu schreiben anfingen, sie wollten es, aber mit den Hinterbeinchen klebten sie noch am Judentum des Vaters und mit den Vorderbeinchen fanden sie keinen neuen Boden. Die Verzweiflung darüber war ihre Inspiration.

Die „Arbeiter-Unfall-Versicherungsanstalt", in der Kafka von 1908 bis 1922 arbeitete.

2 Franz Kafka: Sie muss mit mir unglücklich werden

Tagebucheintrag vom 21.8.1913

Ich entwerfe folgenden Brief an den Vater (der Braut Felice), den ich morgen wenn ich die Kraft habe, wegschicken will.[1] (...)

Mein Posten ist mir unerträglich, weil er meinem einzigen Verlangen und meinem einzigen Beruf das ist der Literatur widerspricht. Da ich nichts anderes bin als Literatur und nichts anderes sein kann und will, so kann mich mein Posten niemals zu sich reißen, wohl aber kann er mich gänzlich zerrütten. Davon bin ich nicht weit entfernt. Nervöse Zustände schlimmster Art beherrschen mich, ohne auszusetzen und dieses Jahr der Sorgen und Quälereien um meine und Ihrer Tochter Zukunft hat meine Widerstandlosigkeit vollständig erwiesen. Sie könnten fragen, warum ich diesen Posten nicht aufgebe und mich – Vermögen besitze ich nicht – nicht von literarischen Arbeiten zu erhalten suche. Darauf kann ich nur die erbärmliche Antwort geben, dass ich nicht die Kraft dazu habe und, soweit ich meine Lage überblicke, eher in diesem Posten zugrunde gehen, aber allerdings rasch zugrunde gehen werde.

Und nun stellen Sie mich Ihrer Tochter gegenüber, diesem gesunden, lustigen, natürlichen kräftigen Mädchen. Sooft ich es ihr auch in etwa 500 Briefen wiederholte und sooft sie mich mit einem allerdings nicht überzeugend begründeten „Nein" beruhigte – es bleibt doch wahr, sie muss mit mir unglücklich werden, soweit ich es absehn kann. Ich bin nicht nur durch meine äußerlichen Verhältnisse, sondern noch viel mehr durch mein eigentliches Wesen ein verschlossener, schweigsamer ungeselliger unzufriedener Mensch, ohne dies aber für mich als ein Unglück bezeichnen zu können, denn es ist nur der Widerschein meines Zieles. Aus meiner Lebensweise, die ich zu Hause führe, lassen sich doch wenigstens Schlüsse ziehn. Nun ich lebe in meiner Familie, unter den besten und liebevollsten Menschen, fremder als ein Fremder. Mit meiner Mutter habe ich in den letzten Jahren durchschnittlich nicht zwanzig Worte täglich gesprochen, mit meinem Vater kaum jemals mehr als Grußworte gewechselt. Mit meinen verheirateten

1 Am 28.8.1913 hat Kafka diesen Brief an den Brautvater in etwas veränderter Form an Felice gesandt und ihr die Übergabe anheimgestellt. Felice unterließ die Übermittlung.

Schwestern und den Schwägern, spreche ich gar nicht, ohne etwa mit ihnen böse zu sein. Der Grund dessen ist einfach der, dass ich mit ihnen nicht das Allergeringste zu sprechen habe. Alles was nicht Literatur ist, langweilt mich und ich hasse es, denn es stört mich oder hält mich auf, wenn auch nur vermeintlich. Für Familienleben fehlt mir daher jeder Sinn außer der des Beobachters im besten Fall. Verwandtengefühl habe ich keines, in Besuchen sehe ich förmlich gegen mich gerichtete Bosheit.
Eine Ehe könnte mich nicht verändern, ebenso wie mich mein Posten nicht verändern kann.

Kafka mit Braut Felice Bauer, Anfang Juli 1917

3 Franz Kafka: Ein Rest von Glauben

Nachgelassene Schriften, 1918

Es ist nicht Trägheit, böser Wille, Ungeschicklichkeit (...), welche mir alles misslingen oder nicht einmal misslingen lassen: Familienleben, Freundschaft, Ehe, Beruf, Literatur, sondern es ist der Mangel des Bodens, der Luft, des Gebotes. (...)
Ich bin nicht von der allerdings schon schwer sinkenden Hand des Christentums ins Leben geführt worden wie Kierkegaard[1] und habe nicht den letzten Zipfel des davonfliegenden jüdischen Gebetmantels noch gefangen wie die Zionisten[2]. Ich bin Ende oder Anfang.

Nachgelassene Schriften, 1918

Ein erstes Zeichen beginnender Erkenntnis ist der Wunsch zu sterben. Dieses Leben scheint unerträglich, ein anderes unerreichbar. Man schämt sich nicht mehr, sterben zu wollen; man bittet aus der alten Zelle, die man hasst, in eine neue gebracht zu werden, die man erst hassen lernen wird. Ein Rest von Glauben wirkt dabei mit, während des Transportes werde zufällig der Herr durch den Gang kommen, den Gefangenen ansehn und sagen: „Diesen sollt Ihr nicht wieder einsperren. Er kommt zu mir."

Nachgelassene Schriften, 1917

Glaubst Du? Ich weiß nicht.

1 Sören Kierkegaard (1813–1855): dänischer Philosoph und Theologe; angesichts der verzweifelten und widersinnigen Erkenntnissituation des Menschen vertrat er den immer wieder herzustellenden „Sprung in den Glauben".

2 In der zweiten Hälfte des 19. Jh. entstandene Bewegung, die den jahrhundertealten Traum der Rückkehr des verstreuten jüdischen Volkes nach Palästina (konkret: der Gründung eines jüdischen Staates) vertrat (Zion ist der Tempelberg in Jerusalem).

Der jüdische Friedhof in Wossek. Ganz hinten links das Grab von Kafkas Großvater Jakob.

III Literarische Kontexte

1 Zu „Auf der Galerie"

1.1 Conrad Felixmüller: Blaue Zirkusreiterin, 1921

1.2 Robert Walser: Ovation

Stelle dir, lieber Leser, vor, wie schön, wie zauberhaft das ist, wenn eine Schauspielerin, Sängerin oder Tänzerin durch ihr Können und durch die Wirkung desselben ein ganzes Theaterpublikum zu stürmischem Jubel hinreißt, dass alle Hände in Bewegung gesetzt werden und der schönste Beifall durch das Haus braust. Stelle dir vor, dass du selber mit hingerissen seiest, der Glanzleistung deine Huldigung darzubringen. Von der umdunkelten, dicht bevölkerten Galerie herab hallen, Hagelschauern ähnlich, Beifallskundgebungen herab, und gleich dem rieselnden Regen regnet es Blumen über die Köpfe der Leute auf die Bühne, von denen einige von der Künstlerin aufgehoben und, glücklich lächelnd, an die Lippen gedrückt werden. Die beglückte, vom Beifall wie von einer Wolke in die Höhe gehobene Künstlerin wirft dem Publikum, als wenn es ein kleines, liebes, artiges Kind sei, Kusshand und Dankesgeste zu, und das große und doch kleine Kind freut sich über diese süße Gebärde, wie eben nur immer Kinder wieder sich freuen können. Das Rauschen bricht bald in Toben aus, welches sich wieder ein wenig zur Ruhe legt, um gleich darauf von Neuem wieder auszubrechen. Stelle dir die goldene, wenn nicht diamantene Jubelstimmung vor, die wie ein sichtbarer göttlicher Nebelhauch den Raum erfüllt. Kränze werden geworfen, Buketts; und ein schwärmerischer Baron ist vielleicht da, der ganz dicht am Rand der Bühne steht, den Schwärmerkopf bei der Künstlerin kleinen, kostbaren Füßen. Nun, und dieser adlige Begeisterungsfähige legt vielleicht dem umschwärmten und umjubelten Kinde eine Tausendmarknote unter das bestrickende Füßchen. „Du Einfaltspinsel, der du bist, behalte du doch deine Reichtümer." Mit solchem Wort bückt sich das Mädchen, nimmt die Banknote und wirft sie verächtlich lächelnd dem Geber wieder zurück, den die Scham beinahe erdrückt. Stelle dir das und andres recht lebhaft vor, unter anderm die Klänge des Orchesters, lieber Leser, und du wirst gestehen müssen, dass eine Ovation etwas Herrliches ist. Die Wangen glühen, die Augen leuchten, die Herzen zittern, und die Seelen fliegen in süßer Freiheit, als Duft, im Zuschauerraum umher, und immer wieder muss der Vorhangmann fleißig den Vorhang hinaufziehen und herunterfallen lassen, und immer

wieder muss sie hervortreten, die Frau, die es verstanden hat, das ganze Haus im Sturm für sich zu gewinnen. Endlich tritt Stille ein, und das Stück kann zu Ende gespielt werden.
(1912)

1.3 Franz Kafka: Schwer ist es, sich nicht täuschen zu lassen

Nachgelassene Schriften, 1920
Du musst den Kopf durch die Wand stoßen. Sie zu durchstoßen ist nicht schwer, denn sie ist aus dünnem Papier. Schwer aber ist es, sich nicht dadurch täuschen zu lassen, dass es auf dem Papier schon äußerst täuschend aufgemalt ist, wie Du die Wand durchstößt. Es verführt Dich zu sagen: „Durchstoße ich sie nicht fortwährend?"

Tagebucheintrag vom 23. 9. 1912
Ich, nur ich bin der Beobachter des Parterres.

2 Zu „Das Urteil"

2.1 Franz Werfel: Nicht der Mörder, der Ermordete ist schuldig

Im literarischen Expressionismus ist die Auseinandersetzung mit einem übermächtigen Vater ein häufig bearbeitetes Thema. Auch Franz Werfel setzt sich in seiner Erzählung „Nicht der Mörder, der Ermordete ist schuldig" mit dem Vater-Sohn-Problem auseinander. Karl Duschek wächst unter der kalten, gebieterischen Strenge seines Vaters, eines Generals, auf. Ein Freund führt ihn in eine geheime Versammlung ein:

„Was versteht ihr unter – Herrschaft des Vaters?" „Alles!", führte der Alte aus. „Die Religion: Denn Gott ist der Vater der Menschen. Der Staat: Denn König oder Präsident ist der Vater der Bürger. Das Gericht: Denn Richter und Aufseher sind die Väter von jenen, welche die menschliche Gesellschaft Verbrecher zu nennen beliebt. Die Armee: Denn der Offizier ist der Vater der Soldaten. Die Industrie: Denn der Unternehmer ist der Vater der Arbeiter!
Alle diese Väter sind aber nicht Spender und Träger von Liebe und Weisheit, sondern schwach und süchtig, wie der gemeine Mensch eben geboren ist, vergiftete Ausgeburten der *Autorität*, die in dem Augenblick von der Welt Besitz ergriff, als die erste gerechterweise auf die gebärende Mutter gestellte paradiesisch-unsesshafte Gesellschaft durch die Familie und Sippe verdrängt worden war."
„Wodurch aber wollt ihr die Herrschaft von Vater und Familie ablösen?" „Durch das Regiment der Selbsterkenntnis und Liebe", rief der Greis. (...)

Duschek wird im Zuge seiner geheimbündlerischen Aktivitäten verhaftet; der Vater schlägt ihm mit einer Peitsche das Gesicht blutig. Später schleicht sich der Sohn mit einer eisernen Hantel ins Vaterhaus und stellt den Vater:

Wer aber trat mir entgegen? Die Füße in schlurfenden Pantoffeln, einen langen, grauen Schlafrock umgehängt, die Gürtelschnur vorne nicht zugebunden, weiße Haare zerzaust, der Schnurrbart ungestutzt, ungefärbt, grau, hart hinabstechend, schwere Tränensäcke unter kleinen sterbenserschrockenen Augen, todgezeichnete Backenknochen, blaue Lippen, die der Zähne hässliches Gold angst-klaffend nicht mehr verbargen, der also aus der Türe schwankte, der alte Mensch – war mein Vater.

„Du?", fragte eine röchelnde Stimme. „Ich!", sagte eine andere scheppernd zerbrochenen Klanges. Langsam rann mir das Blut über Wange, Kragen, Anzug und tropfte dick auf die Parketten. Ich trat, die Hantel immer hoch erhoben, zum Billard und befahl dem Alten: „Komm!"

Wo war der General? Wo der rasselnde Feld- und Weltherr? Ein Greis im Schlafrock, sein betäubtes Auge auf die Waffe in meiner Hand, auf das Blut in meinem Gesicht richtend, gehorchte wortlos und blieb in Entfernung zitternd stehen.

Ich stampfte mit dem Fuß: „Komm!" Den Körper meines Vaters schüttelte sichtliches Fieber. Er sah aus wie ein Mensch, der gegen wüsten Traum kämpft. Er duckte sich, versuchte etwas zu sagen, kein Wort, kein Ton gelang.

Mein ganzes Wesen erschütterte göttlicher Rausch. Ah! Ich wartete auf das große Stichwort! Die Hand mit der Hantel straffte sich immer höher, höher!

Mit aufgerissenen Augen sah mich der Vater an. Kein Wort noch immer brachte er hervor. Meine Hypnose war so stark, dass er den Blick von mir nicht wegwandte, noch auch zur Türe lief, was für ihn leicht gewesen wäre. Ich bog den Arm ausholend zurück! Und da geschah etwas Wahnsinniges. In meine Beine fuhr ein Rhythmus, über den ich nichts vermochte. Gebieterisch streckte ich die unbewaffnete Hand aus. Der Vater duckte sich noch tiefer, schützte mit den beiden Händen sein Hinterhaupt, und ich, ich verfolgte ihn gleichmäßig stampfenden Schrittes, Runde auf Runde um den Billardtisch.

Er keuchte vor mir her, und ich, die Beine im Tempo dieses unheimlichen Triumphmarsches streckend, Abstand niemals verringernd, niemals erweiternd, schritt hinterher, die Hand mit der Waffe erhoben, den Kopf zurückwerfend in bewusstloser Begeisterung.

Immer asthmatischer wurden die Atemzüge des Gejagten. Sein Schlafrock, aufgebunden, weitärmelig, rutschte über die Schulter, immer weiter, fiel endlich ganz von ihm! Das war kein Offizier mehr.

Ein nackter Greis mit mager tiefdurchfurchtem Rücken schwankte vor mir her. „Die Wahrheit", dachte ich, „die Wahrheit". (...) Plötzlich blieb der alte, nackte Mann stehen, drehte sich zu mir um und fiel keuchend auf die Knie. In seinen flehend erhobenen Händen lag die Bitte: „Tu es schnell!" Vor mir kniete kein Neunundfünfzigjähriger, vor mir kniete ein Achtzigjähriger. Noch einmal Wahnsinn, unerträglicher Triumph! Doch jetzt! Das hatte ich nicht gewollt, dass dieser Vater vor mir kniet. Er soll es nicht tun. Keiner! Ist das Papa? Ich weiß es nicht. Aber ich werde diesen Kranken nicht töten, weil ich es nicht genau weiß. Leid, Mitleid! Noch immer kniete mein Vater vor mir. Aber was ist das? Überall auf der Erde in breiten Klecksen – Blut. Was habe ich getan? Ist das *sein* Blut? Habe ich sein Blut vergossen? O Gott! Was ist das? Nein, nein! Dank, dank! Ich bin kein Mörder. Es ist ja *mein* Blut, das er vergossen hat. *Mein* Blut! Und doch! Geheimnis! Sein Blut, *unser* Blut hier auf der Erde! Ich hob den General auf und warf ihm seinen Schlafrock um die Schultern. „Geh schlafen!"
Das war der einzige Satz, der in dieser Nachtstunde gesprochen worden war. Später, auf der Straße, schleuderte ich die Hantel und mit ihr die Krankheit der Kindheit von mir.

(1920)

2.2 Franz Kafka: Nur so kann geschrieben werden

Tagebucheintrag vom 23. 9. 1912
Diese Geschichte „das Urteil" habe ich in der Nacht vom 22 zum 23 von 10 Uhr abends bis 6 Uhr früh in einem Zug geschrieben. (...) Nur so kann geschrieben werden, nur in einem solchen Zusammenhang, mit solcher vollständigen Öffnung des Leibes und der Seele.

Kafka in einem Brief an Felice Bauer vom 24./25. 8. 1913
Sagte ich Dir schon einmal, dass ich meinen Vater bewundere? Dass er mein Feind ist und ich seiner, so wie es durch unsere Natur bestimmt ist, das weißt Du, aber außerdem ist meine Bewunderung seiner Person vielleicht so groß wie meine Angst vor ihm. An ihm vorbei kann ich zur Not, über ihn hinweg nicht.

3 Zu „Der plötzliche Spaziergang"

3.1 Robert Walser: Büchners Flucht

In der und der geheimnisvollen Nacht, durchzuckt von der hässlichen und entsetzlichen Furcht, durch die Häscher der Polizei arretiert zu werden, entwischte Georg Büchner, der hell blitzende jugendliche Stern am Himmel der deutschen Dichtkunst, den Rohheiten, Dummheiten und Gewalttätigkeiten des politischen Gaukelspiels. In der nervösen Eile, die ihn beseelte, um schleunigst fortzukommen, steckte er das Manuskript von „Dantons Tod" in die Tasche seines weitschweifigen, kühn geschnittenen Studentenrockes, aus welcher es weißlich hervorblitzte. Sturm und Drang fluteten, einem breiten königlichen Strom ähnlich, durch seine Seele; und eine vorher nie gekannte und geahnte Freude bemächtigte sich seines Wesens, als er, indem er mit raschen und großen Schritten auf der mondbeglänzten Landstraße dahinschritt, das weite Land offen vor sich daliegen sah, das die Mitternacht mit ihren großherzigen, wollüstigen Armen umarmte. Deutschland lag sinnlich und natürlich vor ihm, und es fielen dem edlen Jüngling unwillkürlich einige alte schöne Volkslieder ein, deren Wortlaut und Melodie er laut vor sich hersang, als sei er ein unbefangener, munterer Schneider- oder Schustergeselle, befindlich auf nächtlicher Handwerkswanderung. Von Zeit zu Zeit griff er mit der schlanken feinen Hand nach dem dramatischen, nachmals berühmt gewordenen Kunstwerk in der Tasche, um sich zu überzeugen, dass es noch da sei. Und es war noch da, und ein fröhliches, lustsprudelndes Gewaltiges überkam und überrieselte ihn, dass er sich in der Freiheit befand, eben da er in das Kerkerloch des Tyrannen hatte wandern sollen. Schwarze, große, wild zerrissene Wolken verdeckten oft den Mond, als wollten sie ihn einkerkern, oder als wollten sie ihn erdrosseln, aber stets wieder trat er, gleich einem schönen Kind mit neugierigen Augen, aus der Umfinsterung an die Hoheit und an die Freiheit hervor, Strahlen auf die stille Welt niederwerfend. Büchner hätte sich vor lauter wilder, süßer Flüchtlingslust auf die Knie an die Erde werfen und zu Gott beten mögen, doch er tat das in seinen Gedanken ab, und so schnell er laufen konnte, lief er vorwärts, hinter sich das erlebte

Gewaltige und vor sich das unbekannte, noch unerlebte Gewaltige, das ihm zu erleben bevorstand. So lief er, und Wind wehte ihm in das schöne Gesicht.

(1912)

3.2 Franz Kafka: Das Gelächter sei Dein Lohn

Nachgelassene Schriften, 1918

Du willst fort von mir? Nun, ein Entschluss so gut wie ein anderer. Wohin aber willst Du? Wo ist das Fort-von-mir? Auf dem Mond? Nicht einmal dort ist es und so weit kommst Du gar nicht. Also warum das alles? Willst Du Dich nicht lieber in den Winkel setzen und still sein? Wäre das nicht etwas besser? Dort in den Winkel, warm und dunkel? Du hörst nicht zu? Tastest nach der Türe. Ja wo ist denn eine Tür? Soweit ich mich erinnere, fehlt sie in diesem Raum. Wer dachte damals, als dieses hier gebaut wurde, an so weltbewegende Pläne, wie es die Deinen sind. Nun, es ist nichts verloren, ein solcher Gedanke geht nicht verloren, wir werden ihn durchsprechen in der Tafelrunde und das Gelächter sei Dein Lohn.

4 Zu „Heimkehr“

4.1 Lukas 15, 11–24: Das Gleichnis vom verlorenen Sohn

Ein Mensch hatte zwei Söhne. 12Und der jüngste unter ihnen sprach zu dem Vater: Gib mir, Vater, das Teil der Güter, das mir gehört. Und er teilte ihnen das Gut. 13Und nicht lange darnach sammelte der jüngste Sohn alles zusammen und zog ferne über Land; und daselbst brachte er sein Gut um mit Prassen. 14Da er nun all das Seine verzehrt hatte, ward eine große Teuerung durch dasselbe ganze Land, und er fing an zu darben. 15Und ging hin und hängte sich an einen Bürger des Landes; der schickte ihn auf seinen Acker, die Säue zu hüten. 16Und er begehrte seinen Bauch zu füllen mit Trebern, die die Säue aßen; und niemand gab sie ihm. 17Da schlug er in sich und sprach: Wie viel Tagelöhner hat mein Vater, die Brot die Fülle haben, und ich verderbe im Hunger! 18Ich will mich aufmachen und zu meinem Vater gehen und zu ihm sagen: Vater, ich habe gesündigt gegen den Himmel und vor dir 19und bin hinfort nicht mehr wert, dass ich dein Sohn heiße; mache mich zu einem deiner Tagelöhner!

20Und er machte sich auf und kam zu seinem Vater. Da er aber noch ferne von dannen war, sah ihn sein Vater, und es jammerte ihn, lief und fiel ihm um seinen Hals und küsste ihn. 21Der Sohn aber sprach zu ihm: *Vater, ich habe gesündigt gegen den Himmel und vor dir; ich bin hinfort nicht mehr wert, dass ich dein Sohn heiße.* 22Aber der Vater sprach zu seinen Knechten: Bringet das beste Kleid hervor und tut es ihm an, und gebet ihm einen Fingerreif an seine Hand und Schuhe an seine Füße, 23und bringet ein gemästet Kalb her und schlachtet's; lasset uns essen und fröhlich sein! 24Denn *dieser mein Sohn war tot und ist wieder lebendig geworden; er war verloren und ist gefunden worden.*

4.2 Franz Kafka: Allein dabei, gänzlich fremd

Tagebucheintrag Kafkas vom 25. 10. 1921

Die Eltern spielten Karten; ich saß allein dabei, gänzlich fremd; der Vater sagte, ich solle mitspielen oder wenigstens zuschauen; ich redete mich irgendwie aus. Was bedeutete diese seit der Kinderzeit vielmals wiederholte Ablehnung? Das gemeinschaftliche, gewissermaßen das öffentliche Leben wurde mir durch die Einladung zugänglich gemacht, die Leistung, die man als Beteiligung von mir verlangte, hätte ich nicht gut, aber leidlich zustande gebracht, das Spielen hätte mich wahrscheinlich nicht einmal allzu sehr gelangweilt – trotzdem lehnte ich ab. Ich habe, wenn man es danach beurteilt, Unrecht, wenn ich mich beklage, dass mich der Lebensstrom niemals ergriffen hat, dass ich von Prag nie loskam, niemals auf Sport oder auf ein Handwerk gestoßen wurde u. dgl. – ich hätte das Angebot wahrscheinlich immer abgelehnt, ebenso wie die Einladung zum Spiel. Nur das Sinnlose bekam Zutritt, das Jusstudium[1], das Bureau, später dann sinnlose Nachträge, wie ein wenig Gartenarbeit, Tischlerei u. dgl. (...).

Ich lehnte also immer ab, wohl aus allgemeiner und besonders aus Willensschwäche, ich habe das verhältnismäßig sehr spät erst begriffen. Ich hielt diese Ablehnung früher meist für ein gutes Zeichen (verführt durch die allgemeinen großen Hoffnungen die ich auf mich setzte), heute ist nur noch ein Rest dieser freundlichen Auffassung geblieben.

—

Tagebucheintrag Kafkas vom 29. 10. 1921

Einen der nächsten Abende beteiligte ich mich dann wirklich, indem ich für die Mutter die Ergebnisse notierte. Es ergab sich aber kein Nähersein, und wenn auch eine Spur dessen da war, so wurde sie überhäuft von Müdigkeit, Langweile, Trauer über die verlorene Zeit. So wäre es immer gewesen. Dieses Grenzland zwischen Einsamkeit und Gemeinschaft habe ich nur äußerst selten überschritten, ich habe mich darin sogar mehr angesiedelt als in der Einsamkeit selbst. Was für ein lebendiges schönes Land war im Vergleich hiezu Robinsons Insel.

1 Jurastudium

5 Zu „Die Abweisung"

5.1 Botho Strauß: Über Kälte

Weibliche Kälte? Sie weigert sich, sie will dich nicht, obgleich doch so viel für dich spricht? Aber ist sie wirklich kalt in ihrem Wesen oder bist nicht du nur überhitzt? Unter den Geschlechtern weisen Temperaturen recht verlässlich Macht und Anziehungskräfte nach. Tröste dich jedoch, auch diese scheinbar Kälteste wird eines Tages vor irgendeinem Gleichgültigen so hilflos und vergeblich glühn wie du vor ihr.

Sie zieht den anderen vor, einen unerträglichen Hohlkopf und Aufschneider? Es wird schon seine Gründe haben, die weder sie noch du erkennen. Ein Rest von Selektion[1] wirkt fort im erotischen Gefallen und Geschmack, trotz allem. Trotz unserer zahnlos-zahmen Ausgesprochenheit, wo alles Psyche ist und Argument, geschieht auf einmal diese unerklärlich reizgelenkte Gattenwahl wie unter Kormoranen[2].

(1987)

1 Auswahl; biologische Auslese durch Überleben der jeweils stärksten Individuen einer Art

2 Schwimmvogel

5.2 Franz Kafka: Blutend von meinen Lanzen

Nachgelassene Schriften, 1920

Ich liebe sie und kann mit ihr nicht sprechen, ich lauere ihr auf, um ihr nicht zu begegnen.

—

Ich liebte ein Mädchen, das mich auch liebte, ich musste es aber verlassen.

Warum?

Ich weiß nicht. Es war so als wäre sie von einem Kreis von Bewaffneten umgeben, welche die Lanzen nach auswärts hielten. Wann ich mich auch näherte, geriet ich in die Spitzen, wurde verwundet und musste zurück. Ich habe viel gelitten.

Das Mädchen hatte daran keine Schuld?

Ich glaube nicht oder vielmehr, ich weiß es. Der vorige Vergleich war nicht vollständig, auch ich war von Bewaffneten umgeben, welche ihre Lanzen nach innen, also gegen mich hielten. Wenn ich zu dem Mädchen drängte, verfing ich mich zuerst in den Lanzen meiner Bewaffneten und kam schon hier nicht vorwärts. Vielleicht bin ich zu den Bewaffneten des Mädchens niemals gekommen und wenn ich hingekommen sein sollte, dann schon blutend von meinen Lanzen und ohne Besinnung.

Ist das Mädchen allein geblieben?

Nein, ein anderer ist zu ihr vorgedrungen, leicht und ungehindert. Ich habe erschöpft von meinen Anstrengungen so gleichgültig zugesehn, als wäre ich die Luft, durch die sich ihre Gesichter im ersten Kuss aneinander legten.

6 Zu „Der Nachbar"

6.1 István Örkény: Das Recht des aufrechten Stehens

Wenn jetzt die Schaffnerin, die mich schon einige Male scheinbar gleichgültig gemustert hat, plötzlich sagen würde, ich bitte die lieben Fahrgäste, zur Mitte des Wagens durchzugehen, dann würde ich, darauf können Sie Gift nehmen, kein einziges Wort sagen, mich aber auch keinen Deut von der Stelle rühren, sondern würde, als wäre ich festgenagelt, stehen bleiben. (...)
Wenn aber jetzt die Schaffnerin, was nicht ganz ausgeschlossen ist, mich anspräche und sagte, ich bitte besonders den Herrn im grauen Regenmantel, den einsteigenden Fahrgästen Platz zu machen, dann sähe ich mich gezwungen, ihr höflich, aber bestimmt mitzuteilen, meine sehr geehrte Dame, es wäre besser, Sie hielten den Mund.
Wenn daraufhin die Schaffnerin, was leicht möglich ist, antworten würde, diesen ungezogenen Ton verbitte ich mir aber, dann würde ich, immer noch höflich, oder, wenn auch nicht höflich, so doch zumindest ruhig und zurückhaltend sagen, und von Ihnen, meine sehr geehrte Dame, wünsche ich mir, dass Sie grün und kahl werden, und vor allem, dass Sie den Mund halten, denn Sie tun nichts anderes, als die Fahrgäste zu belehren, zu ärgern und zu beleidigen. (...)
So weit, so gut. Wenn sie also zufällig tatsächlich in der Lage wäre, einen Polizisten zu rufen, und dieser Polizist würde es schaffen, in den überfüllten Autobus einzusteigen, und es wagen, mich zur Rede zu stellen, würde ich ihm ohne jede Gereiztheit, aber durchaus mit Nachdruck sagen, mein lieber Kamerad, fahren Sie zur Hölle. Worauf er, was ebenfalls nicht unmöglich ist, antworten würde, wenn der Herr so einen Ton anschlägt, sehe ich mich gezwungen, ihn zur Wache zu begleiten, worauf ich, denn auch meine Geduld hat Grenzen, bemerken würde, verehrter Kamerad, Sie bringen mich nirgends hin, denn gleich bringe ich Sie wohin, wo Sie sich ziemlich schlecht fühlen werden, denn dort springe ich auf Ihrem Bauch herum und zwar so lange, bis das letzte bisschen Atem aus Ihnen gewichen ist und Ihnen die Lust vergeht, mir weiter zu drohen. (...)

Und wenn mich nach all dem, was noch ins Reich des Möglichen gehört, der Chefarzt der Nervenklinik mit angestrengter Zärtlichkeit auffordern würde, die Augen zu schließen, die Arme auszustrecken und entlang einer imaginären geraden Linie auf ihn zuzugehen, dann würde ich meine Augen nicht schließen, meine Arme nicht vorstrecken, aber ich würde entlang jener imaginären Linie auf ihn zugehen und ihn derartig in den Bauch treten, dass er eine Rolle rückwärts über seinen Schreibtisch machen würde. Und das ist noch gar nichts. Denn wenn sich nach all dem dieser Bär von einem Pfleger, der hinter mir steht, auf mich stürzen und versuchen würde, mich festzuhalten, dann würde ich, den das zum Glück nicht überraschend treffen würde, ihn derartig gegen das Schienbein treten, dass er lang auf den Dielen hinschlüge, und ich würde mich auf ihn werfen, dass er sich nicht mehr rühren könnte, und ihm die Augen ausstechen, und zwar indem ich meine Daumen von beiden Augenwinkeln aus kräftig in die Höhlen drückte, wovon die Augen mit einem leisen „Blopp" herausspringen würden. Danach würde ich ihm, sicher ist sicher, auch noch den Schädel zertrümmern, dass das Hirn spritzte, und würde, denn nun hätte ich endlich freie Bahn, meine Aktentasche nehmen, auf die Straße hinuntergehen, mir ein Taxi heranwinken, damit ich, bei Zeiten zu Hause angekommen, mit gebührender Gastfreundschaft meine lieben Freunde empfangen kann.

(1991)

6.2 Franz Kafka: Entsetzlich dünne Wände

Kafka in einem Brief an Felice Bauer vom 2.2.1915

Ich will nur Ruhe, aber eine Ruhe, für welche den Leuten der Begriff fehlt. Sehr verständlich, kein Mensch braucht im gewöhnlichen Haushalt die Ruhe, die ich brauche; zum Lesen, zum Lernen, zum Schlafen, zu nichts braucht man die Ruhe, die ich zum Schreiben brauche. Seit gestern bin ich in meinem neuen Zimmer[1] und habe gestern Abend Verzweiflungsanfälle gehabt, dass ich glaubte, die Notwendigkeit aus dem Zimmer und aus der Welt hinauszukommen sei für mich die gleiche. Und dabei geschah nichts Besonderes, alle sind rücksichtsvoll, meine Wirtin verflüchtigt sich zum Schatten mir zuliebe, der junge Mensch, der neben mir wohnt, kommt abends müde aus dem Geschäft, macht paar Schritte und liegt schon im Bett. Und trotzdem, die Wohnung ist eben klein, man hört die Türen gehn; die Wirtin schweigt den ganzen Tag, paar Worte muss sie mit dem andern Mieter vor dem Schlafengehn noch flüstern; sie hört man kaum, den Mieter doch ein wenig: Die Wände sind eben entsetzlich dünn; die Schlaguhr in meinem Zimmer habe ich zum Leidwesen der Wirtin eingestellt, es war mein erster Weg, als ich eintrat, aber die Schlaguhr im Nebenzimmer schlägt dafür desto lauter, die Minuten suche ich zu überhören, aber die halben Stunden sind überlaut angezeigt, wenn auch melodisch; ich kann nicht den Tyrannen spielen und die Einstellung auch dieser Uhr verlangen. Es würde auch nichts helfen, ein wenig flüstern wird man immer, die Türglocke wird läuten, gestern hat der Mieter zweimal gehustet, heute schon öfter, sein Husten tut mir mehr weh als ihm. Ich kann keinem böse sein, die Wirtin hat sich früh wegen des Flüsterns entschuldigt, es sei nur ausnahmsweise gewesen, weil der Mieter (meinetwegen) das Zimmer gewechselt hat und sie ihn in das neue Zimmer einführen wollte, auch werde sie vor die Tür einen schweren Vorhang hängen. Sehr lieb, aber aller Voraussicht nach werde ich Montag kündigen.

1 Kafkas erstes eigenes Zimmer in der Bilekgasse

7 Zu „Der Kübelreiter“

7.1 Matthäus 25, 31–46: Das Weltgericht

[31]Wenn aber des Menschen Sohn kommen wird in seiner Herrlichkeit und alle heiligen Engel mit ihm, dann wird er sitzen auf dem Stuhl seiner Herrlichkeit, [32]und werden vor ihm alle Völker versammelt werden. Und er wird sie voneinander scheiden, gleich als ein Hirte die Schafe von den Böcken scheidet, [33]und wird die Schafe zu seiner Rechten stellen und die Böcke zu seiner Linken.
[34]Da wird dann der König sagen zu denen zu seiner Rechten: Kommt her, ihr Gesegneten meines Vaters ererbt das Reich, das euch bereitet ist von Anbeginn der Welt!
[35]Denn ich bin hungrig gewesen, und ihr habt mich gespeist. Ich bin durstig gewesen, und ihr habt mich getränkt. Ich bin Gast gewesen, und ihr habt mich beherbergt. Ich bin nackt gewesen und ihr habt mich bekleidet. Ich bin krank gewesen, und ihr habt mich besucht. Ich bin gefangen gewesen, und ihr seid zu mir gekommen.
[37]Dann werden ihm die Gerechten antworten und sagen: Wann haben wir dich hungrig gesehen und haben dich gespeist? oder durstig und haben dich getränkt? [38]Wann haben wir dich als einen Gast gesehen und beherbergt? oder nackt und dich bekleidet? [39]Wann haben wir dich krank oder gefangen gesehen und sind zu dir gekommen?
[40]Und der König wird antworten und sagen zu ihnen: Wahrlich ich sage euch: Was ihr getan habt einem unter diesen meinen geringsten Brüdern, das habt ihr mir getan.
[41]Dann wird er auch sagen zu denen zur Linken: Gehet hin von mir, ihr Verfluchten, in das ewige Feuer, das bereitet ist dem Teufel und seinen Engeln!
[42]Ich bin hungrig gewesen, und ihr habt mich nicht gespeist. Ich bin durstig gewesen, und ihr habt mich nicht getränkt. [43]Ich bin ein Gast gewesen, und ihr habt mich nicht beherbergt. Ich bin nackt gewesen, und ihr habt mich nicht bekleidet. Ich bin krank und gefangen gewesen, und ihr habt mich nicht besucht.
[44]Da werden sie ihm antworten und sagen: HERR, wann haben wir dich gesehen hungrig oder durstig oder als einen Gast oder nackt oder krank oder gefangen und haben dir nicht gedient?

45 Dann wird er ihnen antworten und sagen: Wahrlich ich sage euch: Was ihr nicht getan habt einem unter diesen Geringsten, das habt ihr mir auch nicht getan.
46 Und sie werden in die ewige Pein gehen, aber die Gerechten in das ewige Leben.

7.2 Franz Kafka: Ein Bild meiner Existenz

Tagebucheintrag vom 5. 12. 1914

Ein Bild meiner Existenz in dieser Hinsicht gibt eine nutzlose, mit Schnee und Reif überdeckte, schief in den Erdboden leicht eingebohrte Stange auf einem bis in die Tiefe aufgewühlten Feld am Rande einer großen Ebene in einer dunklen Winternacht.

Friedrich Feigl (1884–1965): Kafka bei der Lesung des „Kübelreiters". Zeichnung

8 Zu „Der Schlag ans Hoftor“

8.1 Heinz Risse: Das Gottesurteil

In einer kleinen Bergstadt Süditaliens wird im Jahr 1412 ein reisender Kaufmann ermordet; man verdächtigt zwei Einwohner, Urbini und Vigilio, die am Abend vorher mit ihm im Wirtshaus gesessen haben. Die Verhöre des Richters bleiben ergebnislos.

Da kam ihm eines Nachts aus dem Zwiespalt seiner Überlegungen der Gedanke, Gott die Entscheidung zu überlassen. Am nächsten Tage befahl er, zunächst Urbini zu holen; diesen fragte er, ob ihm in einer der Nächte während seines Aufenthaltes im Gefängnis etwas geträumt habe? Urbini blickte den Richter erstaunt an: Ja, erwiderte er, etwas sehr Absonderliches sogar. Er habe sich nämlich in diesem Traum auf einer Straße liegen gesehen, regungslos und auch ohne die Fähigkeit, sich zu rühren. (...) Der Richter überlegte einen Augenblick, dann befahl er, Urbini solle in der Morgendämmerung des nächsten Tages, an Händen und Füßen gefesselt, vor der Stadt auf der Straße niedergelegt werden, auf der um diese Zeit die Bauern aus der Umgegend ihre Waren zum Markt bringen würden. Dort solle er zwei Stunden liegen; die Bauern seien bei Strafe anzuhalten, ihre Fahrzeuge so zu lenken, als ob die Straße frei wäre. Überstehe Urbini die Probe, sei ihm die Freiheit wiederzugeben.
Der Richter erschien selbst am nächsten Tage dort, wo Urbini niedergelegt wurde; mit den Schergen[1] wartete er, bis die Zeit, die er für die Entscheidung bestimmt hatte, verstrichen war. Sie verging zu seiner Verwunderung, ohne dass irgendein Wagen gekommen wäre. (...) Nicht weit unterhalb jener Stelle, an der man Urbini niedergelegt habe, so meldeten die ausgeschickten Boten, sei in der Nacht ein Felssturz erfolgt; Steine und Erdmassen versperrten die Straße.
Der Richter, der in dem Vorgang einen Beweis dafür sah, dass ihm tatsächlich jemand die Last der Entscheidung abgenommen habe, ließ sogleich Vigilio holen und stellte auch ihm die Frage, ob ihm während der Zeit seiner Haft etwas geträumt habe. Der Gefan-

1 Gerichtsdiener; Justizvollstrecker

gene lächelte. „Mir hat geträumt", erwiderte er, „dass ich dem steinernen Löwen am Portal des Rathauses die Hand ins Maul legte." Auch er ist unschuldig, dachte der Richter. (...) Er begab sich mit dem Gefangenen und zwei Wärtern durch die Straßen zum Rathaus; eine Menschenmenge folgte ihnen (...). Doch erhob sich Gelächter, als die Masse aus Andeutungen der Schergen erfuhr, was Vigilio zu tun habe, um seine Unschuld zu beweisen – auch der Gefangene selbst lächelte, während er, die Stufen zum Portal des Rathauses emporsteigend, die belustigten Gesichter der Menschen auf dem Marktplatz betrachtete. In der offenbaren Voraussicht auch seiner Errettung legte er noch lächelnd die Rechte in das offene Maul des steinernen Löwen, aber mit einem Schrei des Schmerzes riss er sie sogleich wieder zurück; die in der Nähe Stehenden sahen, wie durch Vigilios heftige Bewegung ein Skorpion auf die Treppe des Rathauses geschleudert wurde – offenbar hatte das Tier in der dunklen Höhle des Löwenmauls Unterschlupf gefunden und sich mit seinem Stachel gegen die eindringende Hand gewehrt.

Der Richter verfügte, dass der Gefangene sogleich ins Gefängnis zurückzubringen sei; auch ordnete er an, dass dessen Verletzung durch niemanden ärztlich behandelt werden dürfe – so sehr war er nunmehr überzeugt von der Schuld Vigilios. Dieser starb einige Stunden später unter starken Schmerzen. Trotzdem war die Überzeugung des Richters, was den Mord an dem Kaufmann anlangt, falsch; tatsächlich hatte nämlich weder Urbini noch Vigilio den Händler ermordet, sondern ein Mann, der zwanzig Jahre später in Neapel auf dem Totenbett seine ruchlose Tat gestand. Davon jedoch erfuhr niemand in F., auch nicht der Richter. Selbst wenn es aber zu seiner Kenntnis gelangt wäre, so hätte ihm dennoch kein Zweifel kommen dürfen an der Gerechtigkeit der durch ihn weitergegebenen Entscheidung – denn wer vermag zu sagen, ob nicht die Strafe sich auf eine Tat beziehen sollte, von der er, der Richter, nichts wusste? Zusammenhänge, die man sehen kann, sind meist keine – überdecken die wahren –; der Mensch kann nur, wie der Richter es tat, seine Frage stellen. Ob er das Rätsel, das die Antwort ihm aufgibt, zu lösen vermocht hat, erfährt er selten.

(1955)

8.2 Franz Kafka: Ein Rattenloch elender Hintergedanken

Tagebucheintrag vom 7./9. 2. 1915

Bei einem gewissen Stande der Selbsterkenntnis und bei sonstigen für die Beobachtung günstigen Begleitumständen wird es regelmäßig geschehn müssen, dass man sich abscheulich findet. Jeder Maßstab des Guten – mögen die Meinungen darüber noch so verschieden sein – wird zu groß erscheinen. Man wird einsehn, dass man nichts anderes ist als ein Rattenloch elender Hintergedanken. Nicht die geringste Handlung wird von diesen Hintergedanken frei sein. Diese Hintergedanken werden so schmutzig sein, dass man sie im Zustand der Selbstbeobachtung zunächst nicht einmal wird durchdenken wollen, sondern sich von der Ferne mit ihrem Anblick begnügen wird. Es wird sich bei diesen Hintergedanken nicht etwa bloß um Eigennützigkeit handeln, Eigennützigkeit wird ihnen gegenüber als ein Ideal des Guten und Schönen erscheinen. Der Schmutz, den man finden wird, wird um seiner selbst willen da sein, man wird erkennen, dass man triefend von dieser Belastung auf die Welt gekommen ist und durch sie unkenntlich oder allzu gut erkennbar wieder abgehn wird. Dieser Schmutz wird der unterste Boden sein, den man finden wird, der unterste Boden wird nicht etwa Lava enthalten, sondern Schmutz. Er wird das Unterste und das Oberste sein und selbst die Zweifel der Selbstbeobachtung werden bald so schwach und selbstgefällig werden, wie das Schaukeln eines Schweines in der Jauche.

Kafka in einem Brief an Milena Jesenská vom 18. 9. 1920

Es ist ein Ausbruch und geht vorüber und ist zum Teil vorübergegangen, aber die Kräfte, die ihn hervorrufen, zittern immerfort in mir, vorher und nachher, ja mein Leben, mein Dasein besteht aus diesem unterirdischen Drohen, hört es auf, höre ich auch auf, es ist die Art meiner Teilnahme am Leben, hört es auf, gebe ich das Leben auf, so leicht und selbstverständlich, wie man die Augen schließt.

9 Zu „Gibs auf"

9.1 Marie Luise Kaschnitz: Orte

Auf dem Bahnhof der fremden Stadt soll ich abgeholt werden, werde aber nicht abgeholt, erinnere die Straße, aber nicht die Hausnummer, finde den Namen im Telefonbuch nicht verzeichnet, was mich erstaunt. Ich fahre im Taxi in die Straße, bitte den Fahrer, einen vierschrötigen, mürrischen Menschen, hier und dort nach der seit Jahrzehnten ansässigen Familie zu fragen, aber der Fahrer weigert sich und rät auch mir davon ab, so als habe ich Beschimpfungen oder gar Schläge zu erwarten. Die Passanten, die ich anspreche, schütteln verstört den Kopf, als redete ich in einer fremden Sprache. Die Straße beginnt mit der Hausnummer zwanzig, die niedereren Nummern soll es auch geben, doch anderswo, höher am Berg. Der Chauffeur fährt jetzt den Berg hinauf, wird aber durch Verbotsschilder immer wieder abgelenkt, wir fahren und fahren, immer im Kreis, mir wird schwindlig. Anhalten, rufe ich, und der Fahrer hält an und dreht sich nach mir um. Es ist aber nicht mehr derselbe, vielmehr ein junger, lustiger Mann mit einem schwarzen Bärtchen, wahrscheinlich ein Student. Er steigt aus, geht zu Fuß in eine enge Gasse und kommt nicht wieder, der Taxameter tickt und tickt. Ich sehe auf die Uhr, seit meiner Ankunft sind drei Stunden vergangen, ich muss annehmen, dass man mich bereits als vermisst gemeldet hat. Ich will mein Geld zählen, finde aber keines in der Landeswährung, nur durchlöcherte Münzen, wie sie die Eingeborenen in Afrika auf Schnüre ziehen. Ich warte und warte, die kleinen Zahlen klettern weiter, die Schneehexen stieben von den Dächern in den blauen Himmel, Mittagsgespenster, ich fürchte mich sehr.

(1973)

9.2 Franz Kafka: Träume

Tagebucheintrag vom 13. 2. 1914

Träume: In Berlin, durch die Straßen, zu ihrem Haus[1], das ruhige glückliche Bewusstsein, ich bin zwar noch nicht bei ihrem Haus, habe aber die leichte Möglichkeit hinzukommen, werde bestimmt hinkommen. Ich sehe die Straßenzüge, an einem weißen Haus eine Aufschrift etwa „Die Prachtsäle des Nordens" (gestern in der Zeitung gelesen) im Traum hinzugefügt „Berlin W". Frage einen leutseligen rotnasigen alten Schutzmann, der in einer Art Dieneruniform diesmal steckt. Bekomme überausführliche Auskunft, sogar ein Geländer einer kleinen Rasenanlage in der Ferne wird mir gezeigt, an das ich der Sicherheit halber mich anhalten soll, wenn ich vorüberkomme. Dann Ratschläge betreffend die Elektrische[2], die Untergrundbahn usw. Ich kann nicht mehr folgen und frage erschrocken, wohl wissend, dass ich die Entfernung unterschätze: „Das ist wohl ½ Stunde weit?" Er aber, der alte Mann, antwortet: „Ich bin dort in 6 Minuten." Die Freude! Irgendein Mann, ein Schatten, ein Kamerad begleitet mich immer, ich weiß nicht, wer es ist. Habe förmlich keine Zeit mich umzudrehn, mich seitwärts zu wenden. – Wohne in Berlin in irgendeiner Pension, in der scheinbar lauter junge polnische Juden wohnen; ganz kleine Zimmer. Ich verschütte eine Wasserflasche. Einer schreibt unaufhörlich auf einer kleinen Schreibmaschine, wendet kaum den Kopf, wenn man um etwas bittet. Keine Karte von Berlin aufzutreiben. Immer sehe ich in der Hand eines ein Buch, das einem Plan ähnlich ist. Immer zeigt sich, dass es etwas ganz anderes enthält, ein Verzeichnis der Berliner Schulen, eine Steuerstatistik oder etwas Derartiges. Ich will es nicht glauben, aber man weist es mir lächelnd ganz zweifellos nach.

1 Gemeint ist die Wohnung von Felice Bauer.
2 Straßenbahn

10 Zu „Kleine Fabel"

10.1 Wolfdietrich Schnurre: Schmerzliche Auslegung

„Ich sehe es dir an", sagte die Katze zum Kanarienvogel, der schmatzend im Käfig beim Körnermahl saß, „du bist zuinnerst verzweifelt über dein Los." „Herrje!", sagte der Kanarienvogel erstaunt, „und ich habe mich stets für zufrieden gehalten." „Ein Irrtum", sagte die Katze; „nur die Freiheit macht innerlich froh." „Und eben die fehlt mir!", rief der Kanarienvogel bestürzt. „Daran siehst du", sagte die Katze, „wie Recht ich habe, dass ich mir Sorgen mache um dich." Der Kanarienvogel senkte betäubt seinen Kopf. „Aber was kann man da tun?" „Nichts einfacher", sagte die Katze und hatte auch schon die Käfigtüre geöffnet: „Komm raus." „Aber mein regelmäßiges Futter! Der Kalkstein! Mein Bad!" „– wiegt dir die Freiheit tausendfach auf." „Also schön", seufzte der Kanarienvogel und hüpfte hinaus. Da schlug ihm die Katze die Krallen ins Fleisch. „Hilfe!", zeterte er, „was hat denn das mit der Freiheit zu tun?!" „Dummkopf", sagte die Katze, „darin besteht sie doch gerade."

(1957)

10.2 Franz Kafka: Die Wand einer fenster- und türlosen Zelle

Tagebucheintrag vom 21. 12. 1910
Ich hinfällig wie früher und immer. Das Gefühl haben, gebunden zu sein und gleichzeitig das andere, dass, wenn man losgebunden würde, es noch ärger wäre.

Tagebucheintrag vom 21. 10. 1921
Alles ist Fantasie, die Familie, das Büro, die Freunde, die Straße, alles Fantasie, fernere oder nähere, die Frau die nächste, Wahrheit aber ist nur dass Du den Kopf gegen die Wand einer fenster- und türlosen Zelle drückst.

11 Zu „In der Strafkolonie"

11.1 Octave Mirbeau: Der Garten der Qualen

Der Erzähler befindet sich als vorgeblicher Wissenschaftler auf Reisen und wird von der undurchsichtigen Engländerin Claire in China in einen Foltergarten geführt. Sie begegnen einem Henker, der die „Jovialität eines Chirurgen" ausstrahlt:

„Glauben Sie, Mylady", fuhr der geschwätzige Biedermann fort, „unser Beruf verliert gleich unseren schönen Töpfereien, unseren herrlichen Seidenstickereien und unseren schönen Bildern immer mehr. Wir wissen heute fast nicht mehr, was eine wirkliche Qual ist. Obwohl ich mir alle Mühe gebe, die ehrwürdigen Überlieferungen aufrechtzuerhalten, so bin ich trotzdem machtlos und kann doch nicht ganz allein den Niedergang aufhalten. Was soll ich tun? Die Henker werden heutzutage Gott weiß wo rekrutiert, es gibt keine Examen, keinen Wettbewerb mehr, nur Protektion und Begünstigungswesen entscheidet über die Auswahl. Natürlich fällt die Auswahl danach aus, wie Sie sich denken können. Es ist wirklich eine Schande! Früher betraute man diese bedeutenden Machtbefugnisse nur erklärten Männern der Wissenschaft an, verdienten Leuten, die zur Vollendung die Anatomie des menschlichen Körpers kannten, die Diplome besaßen, Erfahrung oder natürliches Genie. Heute ist das alles zum Teufel gegangen. Der letzte Schuhflicker bildet sich ein, diese ehrwürdige und schwierige Stellung ausfüllen zu können. Es gibt weder Hierarchie noch Überlieferungen mehr! Alles vergeht. Wir leben in einem Zeitraum des Niederganges. (...) Mich widern alle diese Machenschaften, alle diese neuen Moden an, die uns unter dem Vorwande der Zivilisation von den Europäern und insbesondere von den Engländern herbeigebracht werden. (...) Sehen Sie mal an, zum Beispiel in Indien[1] – und wir wollen nur von Indien sprechen – was für eine grobe, kunstlose Arbeit ist dort geliefert worden! Und wie töricht, ja wie töricht hat man dort mit dem Tode Verschwendung getrieben! (...)

1 1857/58 schlugen die Engländer in Indien einen Aufstand gegen die britische Kolonialherrschaft nieder, bei dem es zu Massenhinrichtungen kam.

Die Kunst besteht nicht nur darin, viel zu töten, zu erwürgen, zu massakrieren, niederzumachen, so massenhaft, mit einem Schlage ein ganzes Menschenmaterial. Nein, wahrhaftig! Das ist zu einfach! Die Kunst, Mylady, besteht darin, dass man zu töten versteht, und zwar nach den Riten der Schönheit, deren göttliches Geheimnis wir Chinesen allein kennen. Zu töten verstehen! Nichts ist seltener und alles ist darin enthalten. Zu töten verstehen! Ich will damit sagen, menschliches Fleisch zu bearbeiten, wie ein Bildhauer seinen Ton oder ein Stückchen Elfenbein, daraus die ganze Summe, die ganze Wunderwelt von Leiden herauszuholen, die sich im Grunde seiner Schatten und Geheimnisse verbirgt. Das ist es! Und dazu ist Wissenschaft, Abwechslung, Eleganz und Erfindungsgeist nötig, kurz Genie. Aber all das geht heutzutage verloren. Das westliche Geckentum[2] überflutet uns, die Panzerschiffe, die Schnellfeuerkanonen, die weit tragenden Gewehre, die Elektrizität, die Sprengstoffe, was weiß ich? Alles das macht den Tod allgemein. Es führt ihn im Verwaltungswege, im Subalterndienst[3] herbei. Kurz, alle die Schmutzereien Eures Fortschritts verderben nach und nach unsere schönen Überlieferungen aus der Vergangenheit. Nur noch in diesem Garten werden sie schlecht und recht bewahrt, wo wir sie wenigstens einigermaßen am Leben zu erhalten suchen. Aber mit welchen Schwierigkeiten! Wie viel Hindernisse sind zu überwinden! Was für einen ständigen Kampf gibt es! Davon haben Sie keinen Begriff! Leider fühle ich, dass es überhaupt nicht mehr lange gehen wird. Wir sind durch die Mittelmäßigkeit besiegt, der spießbürgerliche Geist triumphiert allenthalben."

Seine Physiognomie nahm einen eigenartigen Ausdruck von Melancholie und Stolz an, und seine Bewegungen verrieten zu gleicher Zeit tiefe Mattigkeit.

(1899/1902)

---

2 Geck: eitler, übertrieben modisch gekleideter Mann

3 im untergeordneten, niederrangigen Dienst

11.2 Franz Kafka: Blutend und zerfetzt

Tagebucheintrag vom 21.7.1913

Durch das Parterrefenster eines Hauses an einem um den Hals gelegten Strick hineingezogen und ohne Rücksicht wie von einem der nicht Acht gibt, blutend und zerfetzt, durch alle Zimmerdecken, Möbel, Mauern und Dachböden hinaufgerissen werden, bis oben auf dem Dach die leere Schlinge erscheint, die meine Reste erst beim Durchbrechen der Dachziegel verloren hat.

Kafka in einem Brief an Felice Bauer vom 30.8.1913

Es sind ja kaum Tatsachen, die mich hindern (*sich zu verloben*), es ist Furcht, eine unüberwindliche Furcht, eine Furcht davor, glücklich zu werden, eine Lust und ein Befehl, mich zu quälen für einen höheren Zweck. Dass du, Liebste, mit mir unter die Räder dieses Wagens kommen musst, der nur für mich bestimmt ist, das ist allerdings schrecklich.

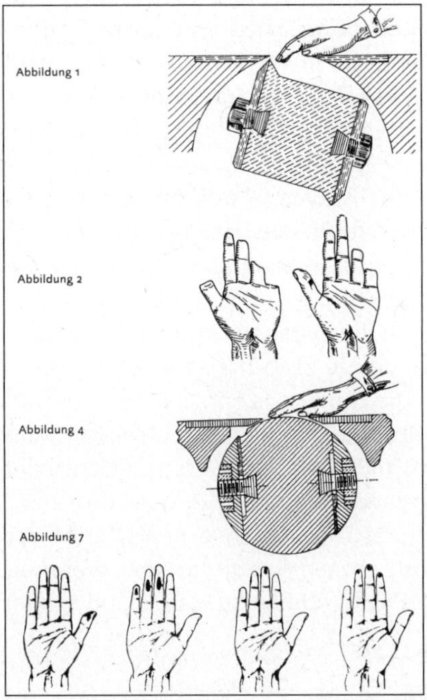

Abbildungen aus einem Aufsatz über Unfallschutz bei Holzhobelmaschinen, den Kafka im Rahmen seiner beruflichen Tätigkeit verfasste.

12 Zu „Vor dem Gesetz“

12.1 Martin Buber: Der Weg

Rabbi[1] Bär von Radoschitz bat einst den Lubliner, seinen Lehrer: „Weiset mir einen allgemeinen Weg zum Dienste Gottes!“ Der Zaddik[2] antwortete: „Es geht nicht an, den Menschen zu sagen, welchen Weg sie gehen sollen. Denn da ist ein Weg, Gott zu dienen durch die Lehre, und da, durch Gebet, da, durch Fasten, und da, durch Essen. Jedermann soll wohl achten, zu welchem Weg ihn sein Herz zieht, und dann soll er sich diesen mit ganzer Kraft erwählen.“

(1949)

12.2 Martin Buber: Die fünfzigste Pforte

Ein Schüler Rabbi Baruchs hatte, ohne seinem Lehrer davon zu sagen, der Wesenheit Gottes nachgeforscht und war im Gedanken immer weiter vorgedrungen, bis er in ein Wirrsal von Zweifeln geriet und das bisher Gewisseste ihm unsicher wurde. Als Rabbi Baruch merkte, dass der Jüngling nicht mehr wie gewohnt zu ihm kam, fuhr er nach dessen Stadt, trat unversehens in seine Stube und sprach ihn an: „Ich weiß, was in deinem Herzen verborgen ist. Du bist durch die fünfzig Pforten der Vernunft gegangen. Man beginnt mit einer Frage, man grübelt, ergrübelt ihr die Antwort, die erste Pforte öffnet sich: in eine neue Frage. Und wieder ergründest du sie, findest ihre Lösung, stoßest die zweite Pforte auf – und schaust in eine neue Frage. So fort und fort, so tiefer und tiefer hinein. Bis du die fünfzigste Pforte aufgesprengt hast. Da starrst du die Frage an, die kein Mensch erreicht; denn kennte sie einer, dann gäbe es nicht mehr die Wahl. Vermissest du dich aber, weiter vorzudringen, stürzest du in den Abgrund.“ „So müsste ich also den Weg zurück an den Anfang?“, rief der Schüler. „Nicht zurück kehrst du“, sprach Rabbi Baruch, „wenn du umkehrst; jenseits der letzten Pforte stehst du dann, und stehst im Glauben.“

(1949)

12.3 Franz Kafka: Das Licht des Endes

Kafka in einem Brief an Max Brod vom September 1917

Um die letzte Sendung wäre (es) besonders schade gewesen; die chassidischen[3] Geschichten im Jüdischen Echo[4] sind vielleicht nicht die besten, aber alle diese Geschichten sind, ich verstehe es nicht, das einzige Jüdische, in welchem ich mich, unabhängig von meiner Verfassung, gleich und immer zu Hause fühle, in alles andere werde ich nur hineingeweht und ein anderer Luftzug bringt mich wieder fort.

Nachgelassenen Schriften, 1917/18

Wir sind, mit dem irdisch befleckten Auge gesehn, in der Situation von Eisenbahnreisenden, die in einem langen Tunnel verunglückt sind und zwar an einer Stelle wo man das Licht des Anfangs nicht mehr sieht, das Licht des Endes aber nur so winzig, dass der Blick es immerfort suchen muss und immerfort verliert wobei Anfang und Ende nicht einmal sicher sind. Rings um uns aber haben wir in der Verwirrung der Sinne oder in der Höchstempfindlichkeit der Sinne lauter Ungeheuer und ein je nach der Laune und Verwundung des Einzelnen entzückendes oder ermüdendes kaleidoskopisches Spiel.

Was soll ich tun? oder Wozu soll ich es tun? sind keine Fragen dieser Gegenden.

Nachgelassene Schriften, 1918

Es gibt ein Ziel, aber keinen Weg; was wir Weg nennen, ist Zögern.

---

1 Rabbi, Kurzform von Rabbiner: jüdischer Schriftgelehrter, Religionslehrer, Prediger

2 als heilig verehrter Lehrer im Ostjudentum (Chassidismus)

3 Chassidismus: im 18. Jh. in Osteuropa entstandene und bis ins 20. Jh. fortwirkende jüdische Bewegung; verkörpert eine mystisch geprägte, lebensbejahende Frömmigkeit.

4 jüdische Zeitschrift

13 Zu „Kaiserliche Botschaft"

13.1 Marie Luise Kaschnitz: Metaphysik

Es gibt Menschen, die ohne Metaphysik[1] oder, um es deutlicher zu sagen, ohne Gott nicht auskommen können. Sie verlangen nichts von ihm und stellen ihn nicht zur Rede, eine sinnliche Vorstellung (alter Vater) haben sie schon lange nicht mehr. Sie suchen ihn nicht in der Kirche, aber auch nicht im Wald. Am ehesten noch in den Augen ihrer Mitmenschen. Auch in den Augen derer, die ihn leugnen? Gerade in diesen, ja.

(1970)

13.2 Günter Kunert: Erinnerung an Gott

Unvergesslich der alte Mann im Lichterrausch von Picadilly Circus, über seine Zeitungskiste gebeugt, die Hände gefaltet, versunken ins Gebet, unbekümmert der massenhaften Neugier oder der kurzweilig durchbrochnen Gleichgültigkeit, die ihn umbraust. Sein fleckiger Regenmantel verdeutlicht, wie weit er von irdischem Ehrgeiz entfernt ist. Die Lippen bewegen sich, doch nichts wird hörbar, Autohupen und der Vielklang endlos vorbeirollender Motoren, Geschrei und Musik löschen alles aus, so dass niemand den Alten hört, die Stimme Gottes, der unter die eignen Geschöpfe geraten wie unter eine Dampfwalze, die kein Ziel kennt, sondern nur den Weg, auf dem sie alles einebnet.

(1979)

13.3 Ernst Bloch: Das Prinzip Hoffung (1938–1947)

Besonders die Furcht, sagt Sartre[2] ist ein Zustand, der den Menschen aufhebt; sinngemäß gilt von der Hoffnung subjektiv wie erst recht objektiv das belebend Umgekehrte. Und wenn es auch beim Bau bloßer Luftschlösser auf ein Mehr oder Weniger an Unkosten wenig ankommt, woraus dann eben die fehlgeleiteten, schließlich betrügerisch gebrauchten Wunschträume resultieren, so ist die

---

1 Denken, das um die letzten Seinsgründe und Weltzusammenhänge kreist.
2 Jean-Paul Sartre (1905–1980), französischer Philosoph und Schriftsteller

Hoffnung mit Plan und mit Anschluss ans Fällig-Mögliche doch das Stärkste wie Beste, was es gibt. Und wenn auch Hoffnung den Horizont nur übersteigt, während erst Erkenntnis des Realen mittels der Praxis ihn auf solide Weise verschiebt, so ist es doch sie wieder allein, welche das anfeuernde und tröstende Weltverständnis, zu dem sie leitet, zugleich als das solideste und tendenzhaft-konkreteste gewinnen lässt. Zweifellos, der Trost dieses Weltverständnisses muss angestrengt mitgebildet werden. (...)
Das Morgen im Heute lebt, es wird immer nach ihm gefragt. Die Gesichter, die sich in die utopische Richtung wandten, waren zwar zu jeder Zeit verschieden, genauso wie das, was sie darin im Einzelnen, von Fall zu Fall, zu sehen meinten. Dagegen die Richtung ist hier überall verwandt, ja in ihrem noch verdeckten Ziel die gleiche; sie erscheint als das einzig Unveränderliche in der Geschichte. Glück, Freiheit, Nicht-Entfremdung, Goldenes Zeitalter, Land, wo Milch und Honig fließt, das Ewig-Weibliche, Trompetensignal im Fidelio[3] und das Christförmige des Auferstehungstags danach: Es sind so viele und verschiedenwertige Zeugen und Bilder, doch alle um das her aufgestellt, was für sich selber spricht, indem es noch schweigt.

(1938–1974)

13.4 Franz Kafka: Könige und Kuriere

Nachgelassene Schriften, 1918

Es wurde ihnen die Wahl gestellt Könige oder der Könige Kuriere zu werden. Nach Art der Kinder wollten alle Kuriere sein. Deshalb gibt es lauter Kuriere, sie jagen durch die Welt und rufen da es keine Könige gibt, einander selbst die sinnlos gewordenen Meldungen zu. Gerne würden sie ihrem elenden Leben ein Ende machen, aber sie wagen es nicht wegen des Diensteids.

Nachgelassene Schriften, 1917/1918

Der Messias wird erst kommen, wenn er nicht mehr nötig sein wird, er wird erst nach seiner Ankunft kommen, er wird nicht am letzten Tag kommen, sondern am allerletzten.

---

3 einzige Oper Ludwig van Beethovens (1805 uraufgeführt); vertritt die Prinzipien der Freiheit, Gerechtigkeit und Brüderlichkeit

14 Zu „Der Aufbruch"

14.1 Kurt Marti: Idyll und Perspektive

Und floh. Zog seinen Hut und floh. Sagte, grüß Gott, wie geht's Ihnen immer, sieht man Sie heute beim Match, und floh. Trat zum Kiosk, sagte, ein North State[1] bitte, und floh. Ging gemächlich, sah Autos vorüberflitzen, und floh. Winkte einem Kollegen, der hinter dem Gartenzaun harkte, ciao Louis, rief er ihm zu, und floh. Gewissenhaft wie er war, erinnerte er sich, worum ihn die Frau gebeten, betrat eine Bäckerei, sagte, ein Roggenbrot bitte, jawohl, nun macht sich das Wetter, gewiss, der freie Samstag ist schön, und floh.

Kam nach Hause, legte das Brot auf den Tisch in der Küche, und floh. Flickte dem Kleinen die Übersetzung am Fahrrad, spielte dann Schwarzen Peter mit ihm, und floh. Saß später essend und trinkend mit den Seinen am Tisch, erzählte, ließ sich erzählen, und floh. Legte sich auf den Diwan, stellte das Radio leiser, sagte, wecke mich, wenn es Zeit ist, heute ist Match. Was immer er tat: Er floh. Was immer er sagte: Er floh. Er war glücklich. Und floh. Auch wenn er ihn nie erriet, der Fluchtpunkt war stärker. Der Fluchtpunkt war, so möchte man sagen, sein einziger Standpunkt.

(1965)

1 Zigarettenmarke

14.2 Franz Kafka: Öffne die Türen

Nachgelassene Schriften, 1921/22

Warum eile ich denn blindlings in ein Haus, lese nicht die Aufschrift über dem Tor, bin gleich auf den Gängen, setze mich hier mit solcher Verbohrtheit fest, dass ich mich gar nicht erinnern kann, jemals vor dem Haus gewesen, jemals die Treppen hinaufgelaufen zu sein. Zurück aber darf ich nicht, diese Zeitversäumnis, dieses Eingestehn eines Irrwegs wäre mir unerträglich. Wie? In diesem kurzen, eiligen, von einem ungeduldigen Dröhnen begleiteten Leben eine Treppe hinunterlaufen? Das ist unmöglich. Die Dir zugemessene Zeit ist so kurz, dass Du, wenn Du eine Sekunde verlierst, schon Dein ganzes Leben verloren hast, denn es ist nicht länger; es ist immer nur so lang wie die Zeit, die Du verlierst. Hast Du also einen Weg begonnen, setze ihn fort, unter allen Umständen, Du kannst nur gewinnen, Du läufst keine Gefahr, vielleicht wirst Du am Ende abstürzen, hättest Du aber schon nach den ersten Schritten Dich zurückgewendet und wärest die Treppe hinuntergelaufen, wärest Du gleich am Anfang abgestürzt und nicht vielleicht sondern ganz gewiss. Findest Du also nichts hier auf den Gängen, öffne die Türen, findest Du nichts hinter diesen Türen, gibt es neue Stockwerke, findest Du oben nichts, es ist keine Not, schwinge Dich neue Treppen hinauf, solange Du nicht zu steigen aufhörst, hören die Stufen nicht auf, unter Deinen steigenden Füßen, wachsen sie aufwärts.

Kafka in einem Brief an Robert Klopstock vom 24. 7. 1922

Lieber Robert, Sie müssen nicht so verzweifelt sein wegen dieses scheinbaren Misslingens, das ich allerdings nicht durchschauen, aber auf meine Art doch nachfühlen kann. Wenn wir auf dem richtigen Wege wären, wäre auch ein solches Versagen grenzenlos verzweifelt, aber da wir doch nur auf einem Weg sind, welcher erst zu einem zweiten führt und dieser zu einem dritten usf. und dann noch lange nicht der richtige kommt und vielleicht gar nicht, wir also ganz der Unsicherheit, aber auch der unbegreiflich schönen Mannigfaltigkeit ausgeliefert sind, ist die Erfüllung der Hoffnungen und insbesondere solcher Hoffnungen das immer unerwartete, aber dafür immer mögliche Wunder.

IV Kritik und Rezeption

1 Otto Pick: Der Entdecker von Tagesgespenstern

In diesem Buche wird die Welt als etwas unendlich Rätselhaftes, in seiner derben Wirklichkeit bereits Unwirkliches betrachtet, als eine Art Marktplatz, wo die Menschen einsam herumirren, vieler Gefahren gewärtig, sodass sie misstrauisch einander meiden, jeder den vermeintlichen Gegner zu durchschauen glauben und ausweichend in weicher Scheu verborgenen Gässchen zutraben.
Franz Kafka ist der stets aus seiner irdischen Form Schlüpfende, der unglückliche Durchstürmer seines Zimmers, der Entdecker von Tagesgespenstern, der Melancholische mit der Gebärde der Geschäftigkeit.
(1913)

2 Ludwig Marcuse: Kafka ist der tragische Faust

Brod teilt diesen Ausspruch Kafkas mit: „Wir sind nihilistische Gedanken, die in Gottes Kopf aufsteigen." Und als Brod ihn fragte, ob er die Welt für hoffnungslos hielte, antwortete er: „Unendlich viel Hoffnung – nur nicht für uns." Dies Gespräch ist ein Schlüssel zu Kafkas Werk. Das All ist in Ordnung; nur der Mensch im All ist in Unordnung. Das All hat einen Sinn; nur der Mensch in diesem All hat zu dem Sinn keinen Zugang.
Kafka war ein Hoffnungsloser, der die Idylle liebte; dessen Sehnsucht der schlichte, bruchlos ins Universum eingefügte Mensch war. Kafka war ein qualvoll Ringender, der die Unproblematik verehrte. Einer, dessen innerster Glaube ein ewiger Sinn über den tausend Sinnlosigkeiten war; der aber diesen Sinn nicht besaß und die ganze Verdammnis des Menschen erlebte und darstellte. Kafka ist der tragische Faust, nachdem der erlöste Faust Goethes für den Menschen eine liebliche Vergangenheit geworden ist. Hier in Kafkas Welt gibt es keine Erlösung für den, der „immer strebend sich bemüht", hier ist das ewige Streben ohne Erreichen,

ohne die Hoffnung auf Erreichen. Diese Doppelheit seines Wesens – Verehrung des Unkomplizierten, Schlichten und unerlösbare faustische Unrast, tiefste Verzweiflung – gab seinem Werk den doppelten Aspekt (...).
Das ist das eigentümliche Gepräge Kafkascher Kunst: Unter der sachlichen, exakten, nüchternen, heiteren und anspruchslosen Oberfläche seiner Darstellung liegt eine schwere Trauer, die sich weder pathetisch ausschreit, noch sentimental reflektiert, noch ironisch transponiert[1]; die fast unmenschlich ist, weil sie ohne Klage ist; die eigentlich nur zu erschließen ist aus den Konturen der Welt, die er zeichnet. Kafka ist ganz unsubjektiv. Sein Werk: geschaute Erkenntnis. Kein philosophisch-künstlerischer Kommentar zur Welt; auch kein moralisch-politischer Aufruhr. Nur die Abschrift der Welt.
(1929)

3 Rudolf Arnheim: Abenteurergeschichten des Geistes

Die besondere Rattenfängerkunst Kafkas liegt darin, dass er Abenteurergeschichten des Geistes geschrieben hat. Abenteurerbücher führen den Leser fort von sich nach draußen, zu fremden Menschen und Ländern. Kafkas Geschichten sind Expeditionen ins Innere, dorthin wo die Abbilder der Welt neben den Träumen wohnen. (...)
Das (d. h. Kafkas Erzählungen) sind nicht nur dichterische Gleichnisse sondern elementare Traumerlebnisse jedes Menschen. Deshalb erregen sie den Leser wie Erinnerungen aus der Kindheit. Deshalb sind sie für empfindliche Menschen so unsagbar verlockend. Es sind Zauber- und Räubergeschichten aus dem Unbewussten. Sie rühren an die jahrtausendealte verborgene Erbschaft, die uns in der Nacht regiert, wenn wir träumen, wenn wir lieben, wenn wir uns im Dunkeln ängstigen, weil ein unsichtbarer Feind sich mit wühlenden Krallen heranarbeitet, die zuweilen gewöhnlichen Dingen, gewöhnlichen Geschehnissen einen geheimen Sinn gibt, den wir heftig spüren, ohne ihn zu verstehen.

1 in einen anderen Sinnbezirk verschiebt

Franz Kafkas Wirkung beruht darin, dass er sich der stärksten, weil ältesten Sinnenerlebnisse bedient, um seine klugen Gedanken in sie einzukleiden. (...)
Das Weltbild eines Außenseiters, das doch nicht „privat" ist, weil wir alle, eben wegen unsres Dranges zur Gemeinschaft, Außenseiterisches in uns haben und weil es nicht unsre schlechtesten Augenblicke sind, wenn wir plötzlich all das nicht verstehen, worein wir uns so selbstverständlich fügen. Dann stellt sich das Erlebnis des Unheimlichen ein, das Franz Kafkas Erzählungen so erstaunlich stark vermitteln. Denn unheimlich wird uns nicht, wenn Übernatürliches in unser Leben eingreift – Gespenster und Götter sind kindisch – sondern wenn das Natürliche, Stoffliche seinen vertrauten Sinn verliert und aufweicht zur grinsenden Grimasse.
(1931)

4 Wilhelm Westecker: Fanatisch blinde Vereinzelung

Kafka ist der Prototyp des skeptischen jüdischen Intellektualisten und Individualisten. (...)
Aber so ist diese Philosophie: scharfsinnig und konfus[1] in einem, wie der seelenabgelöste Intellekt eben ist. Sie lebt wie jeder echte Skeptizismus von Antinomien[2], die in keiner höheren Einheit gebunden werden, die also nicht polar, sondern gegensätzlich sind. Sie wirkt sogar pathologisch. So differenziert und zerlegt und in einer scheinbar kristallklaren Form sie auch vorgetragen wird, sie hat keinen anderen Grund als das aufgeblähte Misstrauen des Schwachen und Sicherungsbedürftigen. (...) Denn ihm fehlt gerade die Unschuld der natürlichen Kraft und des kraftvollen Instinkts. Dieser Skeptizismus mündet auch keineswegs im Religiösen, wie die Herausgeber erklären. Dieser Intellektualismus ist trotz seiner scheinbaren Ehrfurcht vor dem Sein an den Hochmut des isolierten, nur fragen-, nicht vertrauenkönnenden, im Grunde anarchischen[3] Individuums gebunden. Es ist also eine durchaus negative Religiosität. Das geht auch daraus hervor, dass sie nicht aufruft

1 wirr, verworren
2 nicht auflösbarer Widerspruch gültiger Sätze bzw. Prinzipien
3 gesetz- und regellos

und aufrüttelt und befreit und erlöst, sondern letzten Endes in intellektuelle Haarspaltereien eines menschlichen Zustandes ablenkt, der nur der Zustand eines nirgendwo Heimischen ist. Von hier aus wirkt er dann auch erschütternd, so sehr man sich gegen seine zutiefst fremde Art, Denkmethode und scheinbare Auflösung der Problematik des Lebens sträubt. Denn diese Problematik ist (mit ihrem gänzlichen Mangel an Tragik – an Stelle der Tragik steht hier eine fanatisch blinde, fast gewollte Vereinzelung) – diese Problematik ist nicht unsere Problematik.

(1932)

5 Felix Weltsch: Das spezifisch Jüdische bei Kafka

Es sei hier versucht, ganz kurz nur die Frage nach dem spezifisch Jüdischen bei Kafka aufzuwerfen. Es ist bekannt, dass in Kafkas Dichtungen nirgends ein Jude vorkommt und auch nicht entfernt ein ausgesprochen jüdisches Thema berührt wird. Das Judentum liegt tiefer. Jüdisch ist die Problematik, die religiöse Tiefenschicht seines Werkes und auch wesentliche Dimensionen seiner religiösen Verzweiflung sind jüdisch: Unsicherheit, Fremdheit, Isoliertheit, Sehnsucht nach Heimat (...), Schuldgefühl, Kleinheit vor Gott. (...)

Es läge nahe, im Dichter der religiösen Verzweiflung einen vollkommenen Skeptiker und schwarzen Pessimisten zu sehen; es wäre falsch und würde dem Wesen Franz Kafkas nicht gerecht werden. Kafkas Pessimismus wird vor allem gemildert durch seinen Humor, der in keiner seiner Dichtungen fehlt und das strenge Gefüge seiner Skepsis auflockert und leise und stetig auf Erlösungsmöglichkeiten hinweist. (...) Schließlich weist aber die Art der religiösen Verzweiflung selbst über sich hinaus; es ist ein gärendes, drängendes Chaos; es sind Fragen, und Fragen setzen bereits einen Glauben an einen Sinn voraus; und darum ist diese religiöse Not kein hoffnungsloser Pessimismus. Denn dieser ist stumm und fragt nicht mehr; und könnte auch nicht Gegenstand und Ursprung eines so leuchtenden Kunstwerkes sein, wie es die Dichtung Franz Kafkas ist.

(1931)

Franz Kafka – Leben und Werk

1883 Geboren am 3. Juli in Prag. Vater Hermann Kafka: tschechisch-jüdische Herkunft, Wanderhändler; Mutter Julie, geb. Löwy: Prager deutsch-jüdisches Bürgertum, vermögende Brauerstochter. Führen gemeinsam ein Galanteriewarengeschäft. Geschwister Elli (geb. 1889), Valli (geb. 1890) und Ottla (geb. 1892).
1893–1901 Besuch des Altstädter Deutschen Gymnasiums; Abitur. Freundschaft mit Oskar Pollak.
1901 Beginn des Jurastudiums an der Deutschen Universität Prag (auch kurz Chemie, Germanistik, Kunstgeschichte).
1904 Literarische Treffen mit den Freunden Oskar Baum, Max Brod und Felix Weltsch. Entwürfe zu *Beschreibung eines Kampfes*, der ersten erhaltenen Erzählung.
1906 Juristische Promotion, danach einjähriges Praktikum am Landes- und Strafgericht.
1907 Erste Anstellung bei der Prager Versicherungsanstalt Assicurazioni Generali. Liebschaft und Briefwechsel mit Hedwig Weiler. Entstehung der *Hochzeitsvorbereitungen auf dem Lande.*
1908 Wechsel zur Arbeiter-Unfall-Versicherungsanstalt (bis 1922). Erste Veröffentlichung: acht Prosastücke unter dem Titel *Betrachtung* in der Zeitschrift *Hyperion,* u. a. *Die Abweisung* (erweitert als erstes Buch erschienen 1912, hierin auch *Der plötzliche Spaziergang*).
1909 Beginn der erhaltenen Tagebucheintragungen. Bekanntschaft mit dem Prager Schriftsteller Franz Werfel.
1910–11 Interesse für das jiddische Theater und das Ostjudentum; Freundschaft mit dem jiddischen Schauspieler Jizchak Löwy. Auf Drängen des Vaters stiller Teilhaber einer Asbestfabrik des Schwagers.
1912 Erste Begegnung mit Felice Bauer; ab Oktober umfänglicher Briefwechsel; in den folgenden Jahren mehrmalige Treffen in Berlin. Produktivitätsschub: *Das Urteil* entsteht während einer einzigen Nacht (erscheint 1916); *Die Verwandlung* innerhalb von drei Wochen (erscheint 1915); weiterhin erste Teile des Romans *Der Verschollene* (‚Amerika'; posthum erschienen).
1914 Im Juni Verlobung mit Felice Bauer, die bereits Mitte Juli wieder gelöst wird. Erstmals eigene Wohnungen (Bilek- und

Nerudagasse). *In der Strafkolonie* entsteht (erscheint 1919), ab August bis Januar 1915 Arbeit am Roman *Prozess* (posthum erschienen), hierin die zentrale Parabel *Vor dem Gesetz*.
1915 Erneute Annäherung an Felice.
1916 Unfreiwillige Freistellung vom Militärdienst (aus beruflichen Gründen). Im Juli mit Felice einige Tage in Marienbad. Nutzung der schwesterlichen Wohnung in der Alchimistengasse, dort Entstehung vieler Erzählungen, zunächst *Der Kübelreiter*.
1917 Während des Frühjahrs weitere Erzählungen, u.a. *Auf der Galerie, Der Nachbar, Der Schlag ans Hoftor, Eine kaiserliche Botschaft, Ein Bericht für eine Akademie*. Im Juli zweite Verlobung mit Felice Bauer. Blutsturz; Beginn der Lungentuberkulose. Daraufhin im Dezember wieder Entlobung. Rückzug in die Elternwohnung.
1919 Zur Erholung in Schelesen. Beziehung zu Julie Wohryzek, jüdischer Schusterstochter; vom Vater als nicht standesgemäß abgelehnt. Gescheiterter Heiratsversuch. *Brief an den Vater* entsteht (nicht übermittelt; posthum veröffentlicht).
1920 Schon vorher und auch später krankheitsbedingte Dienstunfähigkeiten und verschiedene Kuraufenthalte, jetzt in Meran. Briefbeziehung und Treffen mit Milena Jesenská, einer verheirateten Prager Journalistin. Entstehung von *Heimkehr* und *Kleine Fabel*.
1921 Freundschaft mit dem Medizinstudenten Robert Klopstock.
1922 Frühpensionierung aus Krankheitsgründen. *Ein Hungerkünstler* und *Forschungen eines Hundes* entstehen, auch kleinere Texte wie *Gibs auf* und *Aufbruch*. Arbeit am Roman *Das Schloss* begonnen und abgebrochen.
1923 Kennenlernen der Jüdin Dora Diamant in Müritz; von September bis März 1924 gemeinsame Wohnungen in Berlin. Beschäftigung mit dem Zionismus, Gedanken an eine Übersiedlung nach Palästina. *Eine kleine Frau* und *Der Bau* entstehen.
1924 Die Krankheit spitzt sich zu (Kehlkopftuberkulose). Rückkehr in die Elternwohnung. *Josephine, die Sängerin* entsteht. Verschiedene medizinische Aufenthalte, zuletzt im Sanatorium Kierling bei Wien. Kafka stirbt am 3. Juni, betreut von Dora Diamant und Robert Klopstock. Beisetzung am 11. Juni auf dem neuen jüdischen Friedhof in Prag.

Inhalt

Textquellenverzeichnis

Die Kafka-Texte werden nach folgenden Ausgaben zitiert: **KKA** = Franz Kafka: Schriften, Tagebücher, Briefe. Kritische Ausgabe. Hg. von Jürgen Born u.a. Frankfurt a. M. 1982 ff.: Bezogen auf diese Ausgabe: **KKAD** = Drucke zu Lebzeiten; **KKAN I** = Nachgelassene Schriften und Fragmente I; **KKAN II** = Nachgelassene Schriften und Briefe; **KKAT** = Tagebücher. Weitere verwendete Abkürzungen: **KuR I** = Franz Kafka: Kritik und Rezeption zu seinen Lebzeiten. 1912–1924. Hg. von Jürgen Born. Frankfurt a. M.: S. Fischer 1979. **KuR II** = Franz Kafka: Kritik und Rezeption. 1924–1938. Hg. von Jürgen Born. Frankfurt a. M.: S. Fischer 1983. **BrF** = Franz Kafka: Briefe an Felice. Hg. von Erich Heller und Jurgen Born. Frankfurt a. M.: S. Fischer 1976 (=FT 1697). **BrM** = Franz Kafka: Briefe an Milena. Hg. von Jürgen Born und Michael Müller. Frankfurt a. M.: S. Fischer 1983. **Briefe 1902–1924** = F. Kafka: Briefe 1902–1924. [Teil der Ausgabe:] Gesammelte Werke. Hg. von Max Brod. Taschenbuchausgabe in acht Bänden. Frankfurt a. M.: S. Fischer 1998.
S. 78: F. Kafka, Mit einem Fußtritt aus der Welt geworfen, in: KKAT, S. 261 f. **S. 80**: Milena Jesenská, Ein Nackter unter Angekleideten, in: BrM, S. 363–363. **S. 82**: F. Kafka, Nur die Nächte mit Schreiben durchrasen, Textstellen in: Briefe 1902–1924, S. 19; BrF, S. 444; BrF, S. 427; KKAT, S. 546; Briefe 1902–1924, S. 337. **S. 84 f.**: F. Kafka, Sie muss mit mir unglücklich werden, in: KKAT, S. 578–581. **S. 86**: F. Kafka, Ein Rest von Glauben, Textstellen in: KKAN I, S, 401; KKAN II, S. 971; KKAN II, S. 116. **S. 89 f.**: Robert Walser, Ovation, in: R. W., Das Gesamtwerk in 12 Bd., Bd. 1, Frankfurt a. M.; Suhrkamp 1978, S. 284 f. **S 89**: F. Kafka, Schwer ist es ... Textstellen in: KKAN, S. 339; KKAT, S. 461. **S. 91 ff.**: Franz Werfel, Nicht der Mörder ..., in: F.W., Gesammelte Werke, Bd, 1, Stockholm: Berman Fischer 1948, S. 206 ff. und S. 258–263. © S. Fischer, Frankfurt a. M. **S. 93**: F. Kafka, Nur so kann geschrieben werden, Textstellen in: KKAT, S. 460f.; BrF, S. 452. **S. 94 f.**: Robert Walser, Büchners Flucht, in: R.W., Das Gesamtwerk in 12 Bänden, Bd. 1, Frankfurt a. M.: Suhrkamp 1978, S. 328f. **S. 95**: F. Kafka, Das Gelächter sei Dein Lohn, in: KKAN II, S. 109. **S. 96**: Das Gleichnis vom verlorenen Sohn, in: Die Luther-Bibel, Digitale Bibliothek Bd. 29. Übersetzung in der revidierten Fassung von 1912. **S. 97**: F. Kafka, Allein dabei, in: KKAT, S. 870 f. **S. 98**: Botho Strauß, Über Kälte, in: B.S., Niemand anderes, München: Hanser 1987, S. 74 f. **S. 99**: F. Kafka, Blutend von meinen Lanzen, in: KKAN, S. 234 f. **S. 100f.**: István Örkény, Das Recht des aufrechten Stehens, in: I. Ö., Minutennovellen, Frankfurt a. M.: Suhrkamp 2002, S. 116–119. **S. 101**: F. Kafka, Entsetzlich dünne Wände, in: BrF, S. 626. **S. 103 f.**: Das Weltgericht, in: Die Luther-Bibel, Digitale Bibliothek Bd. 29. Übersetzung in der revidierten Fassung von 1912. **S. 104**: F. Kafka, Ein Bild meiner Existenz, in: KKAT, S. 705. **S. 105 f.**: Heinz Risse, Das Gottesurteil, gekürzt und bearbeitet. Zitiert nach: Deutschland erzählt, hg. von Benno von Wiese, Frankfurt a. M.: Fischer Taschenbuchverlag, S. 212–215. Erstmals veröffentlicht in: H.R., Buchhalter Gottes, München: Langen-Müller 1958. **S. 107**: F. Kafka, Ein Rattenloch elender Hintergedanken, in: KKAT, S. 725 f. **S. 108**: Marie Luise Kaschnitz, Orte, in: M.L.K., Orte, Aufzeichnungen, Frankfurt a. M.; Suhrkamp 1979, S. 19. **S. 109**: F. Kafka, Träume, in: KKAT, S. 635 f. **S. 110**: Wolfdietrich Schnurre, Schmerzliche Auslegung, in: W.S., Protest im Parterre, München: Langen-Müller 1957, S. 48. **S. 110**: F. Kafka, Die Wand einer fenster- und türlosen Zelle, Textstellen in: KKAT, S. 137; KKAT, S. 869. **S. 111 f.**: Octave Mirbeau, Der Garten der Qualen, in: O.M., Der Garten der Qualen, Erfstedt: Area Verlag 2004, S. 737–743. Übersetzer: Terézia Mora **S. 113**: F. Kafka, Blutend und zerfetzt, Textstellen in: KKAT, S. 567 f.; BrF, S. 458. **S. 114**: Martin Buber, Der Weg/Die fünfzigste Pforte, in: Martin Buber, Die Erzählungen der Chassidim, Zürich: Manesse 1996, S. 185. **S. 115**: F. Kafka, Das Licht des Endes, Textstellen in: Briefe 1902–1924, S. 172 f.; KKAN II, S. 33; KKAN II, S. 118. **S. 116.**: Marie Luise Kaschnitz, Metaphysik, in: M. L. Kaschnitz, Steht noch dahin. Neue Prosa. Frankfurt a. M.: Suhrkamp, 1970, S. 63. **S. 116**: Günter Kunert, Erinnerung an Gott, in: G. K., Die Schreie der Fledermäuse. Geschichten, Gedichte, Aufsätze. München: Hanser 1979, S. 219. **S. 116**: Ernst Bloch, Das Prinzip Hoffnung, in E. B., Das Prinzip Hoffnung, Frankfurt a. M.: Suhrkamp 1959, S. 1617 u. S. 1627. **S. 117**: F. Kafka, Könige und Kuriere, in: KKAN II, S. 56 und 123. **S. 118**: Kurt Marti, Idyll und Perspektive, in: K.M., Wohnen zeitaus, Geschichten zwischen Dorf und Stadt, Zürich: Flamberg 1965, S. 89. **S. 119**: F. Kafka, Öffne die Türen, Textstellen in: KKAN II, 379 f.; Briefe 1902–1924, S. 398. **S. 120**: Otto Pick, Der Entdecker von Tagesgespenstern, in: Bohemia, Prag, 30.1.1913, zitiert nach: KuR I, S. 22 f. **S.120 f.**: Ludwig Marcuse, Kafka ist der tragische Faust, in: Hannoverscher Kurier, 19.2.1929, zitiert nach: KuR II, S. 231–235. © Diogenes Verlag AG, Zürich. **S. 121 f.**: Rudolf Arnheim, Abenteurergeschichten des Geistes, in: Die Weltbühne, Berlin, 31.6.1931, zitiert nach: KuR II, S. 284–288. **S. 122 f.**: Wilhelm Westecker, Fanatisch blinde Vereinzelung, in: Der Ring, Berlin, 15.7.1932, zitiert nach: KuR II, S. 327 f. **S. 123**: Felix Weltsch: Das spezifisch Jüdische bei Kafka, in: Selbstwehr, Prag, 11.1931, zitiert nach: KuR II, S. 316–321.

Bildquellenverzeichnis

Umschlag/S. 77: AKG, Berlin. **S. 79**: Corbis (Bettmann), Düsseldorf. **S. 81**: AKG, Berlin/(c) Frydl Prechtl-Zuleeg. **S. 83**: AKG (Archiv Klaus Wagenbach), Berlin. **S. 85**: Corbis (Bettmann), Düsseldorf. **S. 87, 104, 113**: Verlag Klaus Wagenbach, Berlin. **S. 88**: AKG, Berlin/(c) VG Bild-Kunst, Bonn 2006.

Nicht in allen Fällen war es uns möglich, den Rechteinhaber ausfindig zu machen. Berechtigte Ansprüche werden selbstverständlich im Rahmen der üblichen Vereinbarungen abgegolten.